AF522850

Walpurga Zellinger
Die acht Jahreskreisfeste

Gesamtherstellung
einhorn-Verlag+Druck GmbH
D-73525 Schwäbisch Gmünd

Herstellungsleitung
Jens Giese, einhorn-Verlag

Titelillustration und Ornamente
Jenny Oehme

Bilder
Walpurga Zellinger
Kristin Ritschel, HOLUNDERELFE, S. 109 rechts
Pixabay

Gestaltung und Satz
Johanna Dolderer, einhorn-Verlag
Alicia Hägele, einhorn-Verlag

Korrektorat
Andrea Porr, einhorn-Verlag
Anka Malterer, einhorn-Verlag

ISBN 978-3-95747-119-2

6. Auflage, Juli 2026
Printed in EU

www.einhornverlag.de

Walpurga Zellinger

Die acht Jahreskreisfeste

Hintergründe · Traditionen · Rituale

verwurzelt · genährt · verbunden ·

einhorn

Inhalt

Vorwort

Als Kind und Jugendliche in Oberösterreich war ich selbstverständlich eingebettet in die Feste des Jahreskreises, besonders im katholischen, kirchlichen Kontext. Vom Palmbuschenbinden, über das Maibaumkraxeln, das Erntekrone- und Adventkranzbinden, alles war ganz selbstverständlich präsent und unterteilte das Jahr in viele Höhe- und Festpunkte.

Während meines Theologiestudiums lernte ich zu fragen und zu forschen, weshalb alles so geschieht und warum die Traditionen und kirchlichen Bräuche so gestaltet werden. Bald verstand ich, dass dies mit der biblischen Tradition kaum etwas zu tun hatte, sondern die Wurzeln der Feste im Jahreskreis bei den heidnischen und naturreligiösen Völkern vor der Christianisierung zu finden waren. Damit das Christentum von den Kelten, Germanen, Römern und vielen anderen Völkern angenommen werden konnte, wurden deren Feste in den christlichen Jahresablauf übernommen bzw. unter anderem Namen integriert.

Später lernte ich im Schamanismus ein Weltbild kennen, welches mir diese tiefe Verbundenheit mit der Natur, mit allen Wesenheiten, besonders auch mit den Pflanzen zeigte. Ganz besonders haben das Jahresrad mit seinen acht Jahreskreisfesten mein Herz berührt und das Gestalten und Feiern dieser Jahreskreisfeste nähren meine Seele auf ganz tiefe und erfüllende Art und Weise. Hier kann ich meine Wurzeln tief in die Erde wachsen lassen, während sich meine Flügel frei entfalten können.

Das Leben und Feiern im Jahreskreis schenkt uns eine Anbindung an die Natur und ihre zyklischen Prozesse, es unterstützt unser persönliches Wachstum und schenkt uns tiefe Gemeinschaft mit allen Lebewesen!

Verwurzelt – genährt – verbunden

Die acht Feste im Jahreskreis verbinden uns mit unseren Wurzeln, sie nähren unsere Seele, unseren Geist und unseren Körper und sie verbinden Menschen an vielen verschiedenen Orten miteinander.

Mögen die Leserin und der Leser davon reichlich beschenkt und inspiriert werden!

Ein großes Danke an viele liebe Menschen, die dieses Buch erst ermöglicht haben:

Meinem Mann und Seelengefährten Wolfgang Mike fürs Mitgehen und Unterstützen all die Jahre sowie unserer vierbeinigen Begleiterin Akicita.

Allen TeilnehmerInnen und Mitfeiernden an den Jahreskreisfesten bei SPIRIT & VISION über 14 Jahre lang!

Dem einhorn-Verlag unter der Leitung von Jörg Schumacher, der meiner Buchidee vertraute und mich von Anfang an mit seinem Team bestens unterstützte.

Allen FreundInnen und AbonnentInnen auf Facebook in den vielen Gruppen: EUER Interesse war MEINE Motivation.

Der Zeitschrift HOLUNDERELFE, Zeitschrift für Waldfeen, Textilkünsterinnen und Kräuterweiber. Die Herausgeberin Kristin Ritschel hat mir eine Plattform geboten, wo ich meine ersten Beiträge zu den Jahreskreisfesten veröffentlichen konnte.

Der Illustratorin Jenny Oehme für das vielfach bewunderte Titelbild.

Einleitung

Die Entstehungsgeschichte

Dieses Buch ist mit und in den Qualitäten des Jahreskreises entstanden, nach dem sogenannten „GAIA-Prinzip“[1].

In den dunklen Winternächten 2019/20 ersonnen und als fast unsichtbarer Keim noch tief in der Erde verborgen, in den Raunächten erträumt und von den Schicksalsgöttinnen zusammen gesponnen, zu Neujahr als Wunsch geräuchert, zu Imbolc Brigids inspirierende Kraft nützend, begann ich zu schreiben. Mit der Wachstumskraft des Frühlings nahm das Buch Gestalt an, dann kam Corona und mein Buchmanuskript lag erst mal ein Jahr in der Schublade. Mit dem vermeintlichen Ende der Coronapandemie nahm ich nochmals einen Anlauf und alles, was in diesem Jahr entstand, konnte in das vorliegende Buch einfließen. Zur Sommersonnenwende 2021, am Höhepunkt der Kraft, wurde es finalisiert und konnte an den einhorn-Verlag gehen. Dort wurde zur Reife- und Erntezeit fleißig am Layout gearbeitet und in den späten Herbsttagen lag die erste Auflage des Buches in deinen Händen!

Es ist ein Praxisbuch geworden, fast alles, was hier zu lesen und zu sehen ist, wurde in der Praxis erlebt und erprobt! Dieses Buch ermöglicht Interessierten einen guten Überblick über die Jahreskreisfeste. Menschen, die schon länger die Jahreskreisfeste feiern, finden spannende Details und Zusammenhänge. Vieles lässt sich von einzelnen Menschen umsetzen, eine besondere Kraft erfahren wir in der Feier der Jahreskreisfeste in der Gruppe oder Familie.

Im ersten Teil finden sich Grundlagen zur Naturreligion und den Jahreskreisfesten, etwas Philosophisches und Religionsgeschichtliches zum Thema. Anschließend werden alle acht Jahreskreisfeste ausführlich dargestellt, mit vielen Hintergründen, Bräuchen, Traditionen und Fotos gespickt. Mit zahlreichen Ritualimpulsen und jahreszeitlichen kulinarischen Ideen möchte ich ermutigen, selbst Jahreskreisfeste zu feiern, den Traditionen wieder Leben einzuhauchen und wieder die Verbundenheit mit der Natur und dem großen Universum zu spüren!

In unserer schamanischen Praxis SPIRIT & VISION feiern wir seit 2007 die Jahreskreisfeste. Mal in großen Gruppen zur Walpurgisnacht, mal auch nur zu zweit, ein anderes Mal in Kombination mit meinen Kräuterwanderungen, mal in einer fixen Ritualgruppe, mal in Verbindung mit einer Fliegenpilz-Zeremonie. Das Jahresrad hat uns durchgängig begleitet. Jahrelanges Lesen, Studieren und Verstehen lernen, kreatives Planen und Entwickeln finden nun mit diesem Buch den Weg hinaus zu vielen Menschen, die auch auf der Suche sind nach einem einfachen, naturverbundenen, spirituellen Weg.

[1] Lamprecht, Veronika Victoria: Natürlich erfolgreich: Leben und wirtschaften nach dem GAIA-Prinzip. Linz: Freya Verlag (2018)

Mein persönlicher Zugang

Christlich, katholisch sozialisiert und als Walpurga getauft, habe ich den „Hexennamen" quasi in die Wiege mitbekommen. Als Drogistin habe ich die Heilpflanzenkunde gelernt, in der Jugendarbeit meine Kreativität entfaltet, im Theologiestudium mein Wissen vertieft und auf eine solide Basis gestellt. In der tantrischen Philosophie habe ich gelernt, wie sehr Körper/Sexualität und Geist/Spiritualität zusammengehören. Vom Schamanismus wurde ich weiter getragen, zu großem alten Wissen und vielen Zusammenhängen. Ich durfte hinter den Vorhang des Bewusstseins reisen und wurde bereichert durch die Feste und Feiern im Jahreskreis. Nun fühle ich mich angekommen, zu Hause, habe meine Wurzeln und meinen Himmel gefunden, bin ausgespannt zwischen oben und unten. Bin tief genährt und getragen, so kann ich meine Flügel entfalten und mein Wissen weitergeben.

In unserer schamanischen Praxis erleben wir viele Ängste, Depressionen, Sorgen, Unklarheiten, Orientierungslosigkeit usw. Tragende Wurzeln und die Verbindung zur Natur fehlen schmerzlich. Wir empfehlen diesen Menschen, wieder in die Natur zu gehen, den Jahreskreis zu beobachten, die Wurzeln der eigenen Kultur zu suchen und zu pflegen. Die Anbindung an das „Alte Wissen" ist fast verloren gegangen, dabei kann sie uns heute noch, im digitalen Zeitalter, Ausrichtung, Rhythmus und Verbundenheit schenken. Insbesondere in den Coronajahren haben wir erkannt, dass wir mit der Welt nicht so weitermachen können wie bisher. Alle Menschen, die die Natur als ihre Mutter Erde achten und den Himmel, die Sonne, als ihren Vater, werden alles tun, um das Gleichgewicht wieder zu erhalten.

Ein wenig Religionsgeschichte und Philosophie

Naturreligion – Christentum

Wir wissen, dass vor der Christianisierung in ganz Europa und darüber hinaus alle Völker wie die Kelten, die nordisch-germanischen Völker, auch die Griechen und Römer, eine naturverbundene Religion hatten. Die heutige Forschungslage[2] zeigt, dass vor diesen Völkern eine matriarchale Epoche anzusiedeln ist. Vieles aus der matriarchalen Kultur ist in die naturreligiösen Traditionen der Kelten und Germanen eingeflossen. Das Wort „Heide" wird aus Unkenntnis oft als „Ungläubige" übersetzt, diese Menschen ehrten Götter und Göttinnen, waren mit der beseelten Natur ganz eng verbunden und hatten natürlich eine Religion. Einen transzendenten, monotheistischen Gott kannten diese heidnischen Völker nicht, alles war göttlich immanent und polytheistisch. Dieser Paganismus[3] kannte unterschiedliche Ausformungen und keiner erhob den Anspruch einer allgemeinen Gültigkeit. So kannte man z.B. die Göttin oder den Gott des Getreides unter verschiedenen Namen: Demeter bei den Griechen, Ceres bei den Römern, Lugh bei den Kelten u. v. a.

Die Schöpfung nahm man als gottgegeben an, die Verehrung, Anrufung oder eine Opferung für die Götter und Göttinnen gehörte zum religiösen Alltag dieser Menschen. Die Religion bestand vor allem aus Kulten, wobei problemlos auch mehreren Kulten gefolgt werden konnte. Eine große Muttergestalt zu verehren war so selbstverständlich, dass die Alten Völker in Maria einfach diese große Mutter sahen und sie in ihr Pantheon aufnahmen. Aus den Freya-Linden wurden die Marien-Linden, aus dem Hirschgott Cernunnos der Heilige

Hubertus, aus dem Grünen Mann der Heilige Patrick von Irland. Rituale der Alten Völker wurden von der Kirche als Aberglaube abgetan, aber auch genauso integriert.

In der Neuzeit kippte das jahrhundertelange Nebeneinander und die katholische Kirche kannte nur mehr eine Wahrheit, einen Weg, all jene, die dem Alten Weg folgten, wurden über drei Jahrhunderte lang als Hexen diffamiert, gefoltert und ermordet.

Die historische Faktenlage ist sehr dünn, kannten die Alten Völker doch noch keine schriftliche Überlieferung. Vieles, was uns heute vorliegt, stammt aus der Feder der römischen Besatzung oder der christlichen Eroberer. Das Alte Wissen ist trotzdem bewahrt und überliefert in Mythen, Märchen und Geschichten, es wird nach wie vor gelebt in unzähligen Bräuchen und Traditionen, oft ohne genaues Hintergrundwissen der Menschen. Oft ist es der gefärbte Blick von außen, der uns heute etwas über Kelten, Germanen usw. erzählt.

[2] Göttner-Abendroth, Heide: Das Matriarchat I. Geschichte einer Erforschung. Stuttgart (1988)

[3] lateinisch pagus ‚Dorf' bezeichnet religionsgeschichtlich aus christlicher Sicht den Zustand, nicht zu einer der monotheistischen Religionen zu gehören.

Von den Kelten in Europa ist eine recht einheitliche Kultur überliefert. Fruchtbarkeitsgöttinnen, Götter und Götterpaare hatten verschiedene Zuständigkeitsbereiche, ähnlich wie es heute die Heiligen der katholischen Tradition haben. Bei den einzelnen Jahreskreisfesten werden uns die keltischen Götter und Göttinnen Brigid zu Imbolc, Belenos zur Sommersonnenwende, Lugh zum Schnitterinnenfest und Cernunnos zu Samhain begegnen. Die keltische irisch-schottische Kultur ist in beeindruckender Weise ins Christentum aufgenommen worden. Das christliche Erbe Irlands stellt sich ganz anders dar als sonst in Europa. Die heilige Dreiheit ist zur Heiligen Dreifaltigkeit geworden, die irischen Kreuze tragen noch immer die alten typisch keltischen Muster. Eine besondere Natur- und Schöpfungsverbundenheit zeichnet noch heute die irischen christlichen Texte aus.

In historischen Werken des altisländischen Dichters und Politikers Snorri Sturluson aus dem 12. Jahrhundert werden drei große Feste der germanische Könige Norwegens erwähnt: eines im Frühling, eines im Herbst und eines zu Mittwinter. Das bekannte Mittsommerfest Skandinaviens dürfte jüngeren (christlichen) Ursprungs sein.

Es geht heute nicht um ein Nachmachen oder eine romantische Verklärung, das ist auch gar nicht möglich. Wichtig scheint mir, dass wir den Kreislauf des Naturjahres beobachten und gemeinsam mit dem, was wir aus alter Zeit wissen können, zu etwas Neuem verweben, was uns im 21. Jahrhundert bewegt und nährt.

Die Termine der Jahreskreisfeste

Die Kalendersysteme unserer Vorfahren orientierten sich am Mond und an der Sonne. Viele Feste wurden zu Vollmond oder Neumond gefeiert. Der Festkalender des Islams und des Judentums ist bis heute ein reiner Mondkalender.

Mit der Ackerbaukultur wurde auch der Sonnenlauf wichtig, da das Wachstum wesentlich von der Sonne abhing. So wurde zunehmend neben dem Mondstand auch der Stand der Sonne wichtig. Bei diesem lunisolar genannten Kalender sind die Feste weiterhin beweglich, aber sie bleiben im passenden jahreszeitlichen Bereich.

Die große Kalenderreform unter Julius Cäsar setzte den 30-Tage Monat und die insgesamt 12 Monate durch. Somit wurde jedes Fest einem festen Datum zugeordnet. Aber auch in einem solaren Kalender kann man Mondfeste feiern. Ein sehr gutes Beispiel dafür ist das Osterfest der Christen. Es ist bis heute ein Fest, das vom Vollmond abhängt. Eine weitere Reform brachte der sogenannte Gregorianische Kalender, dieser entspricht unserem heutigen Kalender. Dadurch haben sich christliche Feiertage wie Weihnachten (24.12.) oder Johanni (24.06.) um etwa drei Tage von den Sonnenwenden entfernt.

Der neopagane Festkalender teilt das Jahr in ein Jahresrad mit acht Speichen. Der am häufigsten in der „heidnischen" und naturspirituellen Szene zitierte Festkalender mit seinen acht Festen und seinen acht Festnamen hat seinen Ursprung im 20. Jahrhundert und ist somit sehr jung. Er setzt sich vorwiegend aus keltischen, germanischen, christlichen Vorstellungen, alten Bauernregeln und regionalem Volksbrauchtum zusammen. Es gibt keine überlieferten „heidnischen" Kalender oder gar Überlieferungen zu möglichen Zeremonien. Um den Jahreskreis als achtspeichiges Rad darzustellen, hat man die zwei Sonnenwenden (Winter- und Sommerbeginn) und die zwei Tagundnachtgleichen (Frühlings- und Herbstbeginn) als vierteiliges Kreuz platziert. Die ursprünglich vermutlich mondorientierten Feste (Samhain, Imbolc, Beltane, Lughnasad) hat man jeweils auf den 1. Tag der Monate Februar, Mai, August und November gelegt und diese teilen das Jahr noch einmal. Man kann diese Feste aber auch immer noch im Rhythmus der Mondphasen feiern, wenn man das möchte.

Die heutigen Ursprünge der Jahreskreisfeste wurden im Wicca Coven rund um Gerald Gardner in der Mitte des 20. Jahrhunderts gelegt. Ursprünglich wurden nur die vier keltischen Feste (Samhain, Imbolc, Beltane und Lughnasad) gefeiert. Gegen 1958 begann der Coven auch die vier solaren, eher dem germanischen Kontext entstammenden Feste zu feiern. In vielen neodruidisch orientierten, neopaganen Religionen wurden daraufhin im Gegenzug die vier Wicca-Hochfeste aufgenommen und so in beiden Religionen die gleichen acht Feste gefeiert.

Ich persönlich achte auch auf die Entfaltung der Natur: Feste können witterungsbedingt im jahreszeitlichen Rahmen durchaus variieren. Hier muss man vor allem einen Blick für die regionalen Gegebenheiten haben.

Der Festkalender

31. Oktober – 1. November:
Samhain (keltisch), Halloween (amerikanisch) oder Allerheiligen/Allerseelen (christl.)

21. – 22. Dezember:
Jul (germ.) oder Wintersonnenwende

1. – 2. Februar:
Imbolc (keltisch) oder Lichtmess (christl.)

20. – 22. März:
Ostara (germ.) oder Frühjahrstagundnachtgleiche

30. April – 1. Mai:
Beltane (keltisch) oder Walpurgisnacht

21. – 22. Juni:
Litha (germ.),
Sommersonnenwende oder Johanni (christl.)

31. Juli – 1. August:
Lughnasad (keltisch) oder Lammas (angelsächsisch) oder Schnitterinnenfest (bäuerlich)

21. – 22. September:
Mabon oder Herbsttagundnachtgleiche

Wer die Mondfeste nach dem Mondzyklus feiern möchte, kann sich nach diesen Angaben richten, aber auch zu den Mondterminen finden sich verschiedene Angaben.

Imbolc: 2. Vollmond nach dem Jul-Vollmond (erster Vollmond nach dem 21.12.)

Beltane: 5. Vollmond nach dem Jul-Vollmond

Lughnasad: 8. Vollmond nach dem Jul-Vollmond

Samhain: 11. Schwarzmond nach dem Jul-Vollmond

Gott und Göttin im Jahreskreis

Alle Naturreligionen sind geprägt vom Glauben an Götter und Göttinnen. Gemeinsam haben sie über die kulturellen Unterschiede und Namen hinweg, dass sie uns das ganze Jahr in verschiedenen Aspekten begegnen. Jahr für Jahr im zyklischen Geschehen des Jahreskreises, Monat für Monat in ihren Mondphasen, Tag für Tag in Licht und Dunkelheit. Der ewige Kreislauf von Werden, Wachsen, Vergehen und der Wiederkehr bestimmte das Leben der Alten Völker.

Die dreifache Göttin

Die Göttin begegnet uns in zahlreichen Kulturen in dreifacher Gestalt. Sie wandelt sich im Jahreskreis von der weißen, jungfräulichen Göttin zur roten Liebes- und Muttergöttin hin zur weisen, schwarzen, alten Göttin der Transformation. So verkörpert sie auch alle Aspekte eines Frauenlebens: die junge Frau, die fruchtbare Mutter und die weise Alte.

Als Jungfrau begegnet sie uns als unabhängige Jägerin, als wilde und ungestüme Göttin. Sie löst die dunkle Göttin Percht, Holle oder Cerridween zu Imbolc ab und erscheint uns als lichtvolle Brigid, die das neue Leben auf der Erde hervorbringt, alles Harte und Gefrorene wieder zum Fließen bringt. Weiter entwickelt sie sich zu Ostara, unter deren Füßen die Blumen und das Grün wieder wachsen. Sie bringt die Fruchtbarkeit und das Wachstum wieder ins Land. Zu Beltane wandelt sich die Jungfrau-Göttin in die rote Liebesgöttin.

Die rote Muttergöttin steht für die fruchtbaren Jahre einer Frau, für die Möglichkeit der Mutterschaft. Sie begleitet uns von Beltane bis zur Sommersonnenwende. Alles explodiert in der Natur, es ist ein großes Reifen, Wachsen und Entfalten. Sie geht schwanger mit allen Früchten, dem Getreide auf den Feldern. Sie vereinigt sich in der Heiligen Hochzeit, im „hieros gamos"[4], mit dem fruchtbaren Gott. Diese rituelle Heilige Hochzeit, die Vereinigung von Gott und Göttin, feiern die meisten naturspirituellen Menschen zu Beltane. Manche feiern dies schon zu Ostara, weil es von dort neun Monate bis zur Geburt des Lichtkindes in der Wintersonnwendnacht sind. Andere Kreise halten die Sommersonnenwende für den richtigen Zeitpunkt für den „hieros gamos", weil hier die Nächte im Norden schon lang und warm genug waren, um diese sinnliche Vereinigung zu feiern. Die rote Göttin begleitet Frauen in ihrer Zeit der Blutungen und der Mutterschaft.

[4] **Hieros gamos** (griechisch) ist die Hochzeit zwischen einer Göttin und einem Gott. Manchmal wird der Terminus auch auf die Vereinigung zwischen einer Gottheit und einem Sterblichen angewendet.

Mit dem Schnitterinnenfest Anfang August beginnt der Sterbe- und Wandlungsprozess von der roten Göttin hin zur schwarzen Göttin. Diese verkörpert den dunklen Aspekt des Jahres und auch des Lebens, die Phase, in der wir uns auf das Loslassen und Sterben vorbereiten. Im Herbst beginnt auch die Natur sichtbar mit ihrem Rückzug, eingeläutet mit den kürzer werdenden Tagen nach der Sommersonnenwende. Diese Göttin hält die Sichel in der Hand, um die Ernte abzuschneiden, sie ist die Schnitterin und die Frau Percht. Als Frau Holle hütet sie die ungeborenen Seelen unter ihrem Mantel, ebenso hütet sie die Samen in der winterlichen Erde. Sie ist weise und furchtlos, wie es alte Frauen sind. In allen nativen Kulturen wird die Weisheit von alten Frauen, den Großmüttern, ganz besonders geschätzt, alle Häuptlinge hören auf deren Rat.

Und nun beginnt der Kreislauf wieder von vorne!

Der Sohn-Geliebte Heros der Göttin[5]

An der Seite der Göttin ist ihr Heros, wie es Heide Göttner-Abendroth in ihren Büchern über die Matriarchatsforschung beschreibt.

Der Begleiter, der Sohn-Geliebte, der sich immer wandelnden Göttin im Jahreskreis wird aber jedes Jahr neu geboren und stirbt auch jedes Jahr wieder.

Zur Wintersonnenwende feiern wir die Geburt des Lichtkindes, bis zu Ostara wandelt sich das Lichtkind in einen Gott der Fruchtbarkeit, bei den Kelten als Grüner Mann bezeichnet, zu Beltane begegnet er uns mit seiner sinnlichen Manneskraft. Zur Sommersonnenwende hat er als Belenos oder Bel den Höhepunkt seines Wirkens erreicht. Zum Schnitterinnenfest gibt er als Getreidegott Lugh sein Leben, genauso wie es von Gott Mabon zum Herbstbeginn erzählt wird. Zu Samhain geht er als Hirschgott Cernunnos endgültig in die Unterwelt, um zu sterben und die Samen und Seelen dort zu hüten. Zur Wintersonnenwende beginnt der Kreislauf wieder von vorne. Immer ist der Gott als Sohn-Geliebter und Heros an der Seite der sich wandelnden Göttin und geht mit ihr durch alle Aspekte des Jahreskreises.

[5] Göttner-Abendroth, Heide: Die Göttin und ihr Heros. Die matriarchalen Religionen in Mythos, Märchen und Dichtung. 3. München (1983)

Frauen- und Männergruppen

Wenn du Jahreskreisfeste feiern möchtest, taucht bald die Frage auf, ob das in einer reinen Frauengruppe geschehen soll oder ob die Gruppe für Frauen und Männer offen ist. Beides hat seine Berechtigung! Oft tut es einer Frau in einer bestimmten Lebensphase sehr gut, gemeinsam mit anderen Frauen zu sein und zu feiern. Es ist ein intimer Rahmen, in dem viele sich besser öffnen können und sich verstanden fühlen.

In diesen Gruppen wird oft nur der Aspekt der Göttin gefeiert, sie folgen dem „dianischen Wicca“[6], der Heros spielt keine Rolle. Anders stellt sich die Frage, wenn Kinder dabei sind, dann werden die Jahreskreisfeste ganz natürlich bereichert und kindgerechter gestaltet.

Ich persönlich finde es am besten, wenn Frauen und Männer gemeinsam feiern. Wir waren damals als Paar auf der Suche nach einem Angebot für Jahreskreisfeste. Da wir nicht fündig wurden, weil es in unserem Umfeld damals nur reine Frauengruppen gab, haben wir selbst unsere Jahreskreisfeste von Anfang an für beiderlei Geschlechter geöffnet. So wachsen wir miteinander und aneinander, die Aspekte der Göttin und des Gottes bieten beiderlei Geschlechtern eine wunderbare Identifikationsmöglichkeit.

Mythisches Weltbild und die Aufklärung

Wir müssen uns vor Augen führen, dass die Menschheit wohl 99,9 % ihrer Geschichte in Verbindung mit und auch in Abhängigkeit von der Natur gelebt hat. Der Alltag, die beruflichen Tätigkeiten und die Feste unterlagen dem Rhythmus der Jahreszeiten. Die Länge der Tage im Sommer ermöglichte der bäuerlichen Bevölkerung, für den dunklen, langen Winter vorzusorgen. Das Gelingen der Ernte war ausschlaggebend für das Überleben der Familien und der Gemeinschaften.

Bis zur industriellen Revolution, die in Deutschland um die Mitte des 19. Jahrhunderts anzusiedeln ist, war 80 % der Bevölkerung in der Landwirtschaft beschäftigt. Erst diese industriellen Veränderungen machten den Menschen wie Maschinen verfügbar, ein heutiger Arbeitsalltag ist für die meisten Menschen jeden Tag gleich, egal ob es Sommer oder Winter ist, egal wie lang oder kurz die Tage sind. Nachtschichten, Wochenendarbeit, all-in-Verträge haben viele Menschen aus dem natürlichen Rhythmus herausgeworfen. Unzählige Zivilisationskrankheiten können darauf zurückgeführt werden, dass wir den natürlichen Rhythmus und Zyklus verloren haben. Wir haben schlichtweg unsere Wurzeln und unsere Anbindung verloren!

Wenn man heutige Ausbildungskonzepte an Schulen und Universitäten anschaut, dann muss man leider feststellen, dass nur das rationelle und intellektuelle Argument zählt, alles muss gemessen, berechnet und bezahlt werden können. Die Schulmedizin sieht den Körper

[6] Dianische Wicca ist eine Ausrichtung innerhalb der neuheidnischen Wicca-Bewegung, die in den 1970er-Jahren von den Amerikanerinnen durch Zsuzsanna Budapest und Miriam Simos (besser bekannt als Starhawk) begründet wurde. Es reichert die Wicca-Religion mit Elementen feministischer Göttinnen-Spiritualität an. Der Name bezieht sich auf die römische Göttin Diana.

weitestgehend als mechanistisches Werk und hat übersehen, dass wir aus Körper, Geist und Seele bestehen.

Zum mythischen Weltbild gehört auch das schamanische Weltbild, hier tauchen wir in ganz andere Ebenen ein. Wir erkennen, dass alle Lebewesen, Menschen, Tiere, Pflanzen, Steine, Landschaften u.a. beseelt sind und jeweils ihre eigenen Energien haben. Wir sehen alles miteinander in Verbindung und nicht im Konkurrenzkampf. Alles bedingt sich gegenseitig, jedes Verhalten hat eine Auswirkung auf das große Ganze.

Die alten Mythen, Märchen, Legenden und Geschichten lassen uns tief in das Alte Wissen und in ihre Zusammenhänge einblicken. Mit dem Feiern der Jahreskreisfeste können wir wieder in dieses ganzheitliche Weltbild eintauchen und uns mit den natürlichen Rhythmen verbinden, aber nicht als Fluchtreaktion, weil die Welt so komplex geworden ist, sondern weil wir daraus Kraft und Motivation für unser Leben und für unser Handeln in der Welt schöpfen können.

Ein kleines Beispiel, um das zu verdeutlichen: Wenn der Wind im Winter heftig durch die Bäume bläst, dann sage ich gerne: Oh, die Frau Perchta lässt grüßen! Für einen Naturwissenschaftler ist der Wind das Resultat bestimmter Turbulenzen in der Atmosphäre, für mich steht ebenso die wilde Kraft der Perchta dahinter!

Dualität – Polarität

Wir leben aktuell in einer patriarchal geprägten Gesellschaft mit einer monotheistischen Religion, mit einer Ausrichtung, die nach immerwährendem Wachstum und einer linearen Entwicklung strebt, ein immer Schneller und Vorwärts ist angesagt. Damit verbunden ist die Dualität, das Unterscheiden von Gut und Böse, von Sommer und Winter, hell und dunkel, männlich und weiblich, Körper und Geist. Und das Fatale daran ist, dass automatisch das eine als besser, erstrebenswerter und richtiger als der andere Pol gesehen wird.

Dem steht das matriarchale Konzept gegenüber. Dort geht es nicht um eine lineare Entwicklung, sondern um eine zyklische. Frühling, Sommer, Herbst und Winter und dann geht es wieder von vorne los, aber spiralförmig, nicht im Kreis. Ein Matriarchat ist nicht das Gegenteil vom Patriarchat, sondern ein anderer Entwurf gemeinsamen Lebens. Ein matriarchales Konzept hat immer alle Glieder einer Gemeinschaft oder Gesellschaft im Blick, so wie eine Mutter immer all ihre Kinder im Blick hat. In einer matriarchalen Gesellschaft wird die weibliche Göttin verehrt und die Mutter Natur ist heilig, wie der Körper der Frau. Hier gilt statt der Dualität die Polarität: ein Sowohl-als-auch, nicht ein Entweder-oder. Es gibt Gut UND Böse, Sommer UND Winter, hell UND dunkel, männlich UND weiblich, Körper UND Geist. Aber keines davon ist besser oder schlechter, sondern beide Aspekte sind gleichwertig wichtig. Was wäre ein Naturjahr mit immerwährendem Frühling? Zum Wachsen und Ernten gehören auch Sommer, Herbst und Winter dazu!

Opfergaben in der Naturreligion – ein Geben und Nehmen

Damit die Balance zwischen Natur und Menschen bewahrt wird, kennen wir in den Naturreligionen Opferrituale für Götter und Göttinnen. Ursprünglich waren das Tieropfer und Rauchopfer. Heute wird diese Verbindung durch eine Räucherung, Milch, Met oder eine Brotgabe ausgedrückt. Ebenso werden schöne Mandalas aus Naturmaterialien gelegt.

Weitere Opfergaben: Steine, Blüten, Gedichte, Tänze, Lieder, Nüsse, Korn/Mehl, roter Ocker als Blutersatz, eigene Haare, etwas Süßes, eigenes Blut, Bier, Wein, Alkohol, Bienenwachskerzen, Honig usw.

Die Opfergabe symbolisiert unsere eigene Wertschätzung! Alles, was wir in der Natur belassen möchten, muss zu 100 % abbaubar und umweltverträglich sein.

In der indianisch-schamanischen Tradition gilt naturbelassener Tabak als eine wichtige Opfergabe. Es ist mir zur lieben Selbstverständlichkeit geworden, bei meinen Kräuterwanderungen ein Beutelchen Naturtabak mitzunehmen und den Pflanzen diese Gabe zu geben, auch Wildblumensamen sind eine schöne Idee. Wenn ich allein unterwegs bin, dann singe ich der Frau Holle auch mal ein Liedchen unterm Hollerbusch. Nach guten schamanischen Seminaren geben wir gerne „spirit for the spirits", das ist guter Schnaps. Wir haben einen Opferstein im Garten, als Spirit verwenden wir besten Grappa. Wichtig ist auch, dass wir nicht knausrig sind, also das Beste geben. Ich meine, dass nicht irgendwelche Geister oder Götter, Göttinnen unsere Gaben „brauchen", sondern vielmehr brauchen wir wieder diese Anbindung an die Natur! Deswegen ist es nach wie vor wichtig!

Samhain – Halloween – Ahnenfest

Samhain – Halloween – Ahnenfest · 31. Oktober / 1. November

Verbunden mit den Ahnen ins Neue Jahr

Wir haben uns heute hier versammelt, um die Kette des Lebens zu ehren, der wir entsprungen sind. Wir sind verwoben in das Gewebe unserer Ahnen, das wir hier und heute annehmen.

Zeitqualität

Die Kräfte in der Natur ziehen sich in die Erde zurück und die stille, dunkle Zeit beginnt. Der Übergang von den goldenen Oktobertagen in den grauen November ist immer wieder krass und schmerzlich. Die Erde verweilt in ihren längsten Nächten und sammelt Kräfte und Säfte für den nächsten Jahreskreislauf! Samhain ist ein Fest für die Ahnen: Wir erinnern uns und ehren unsere Verstorbenen. Der Schleier zwischen den Welten ist dünn.

Themen

Genieße die Qualität des Rückzugs zu dir selbst, die Einkehr bei dir selbst hat etwas Beruhigendes! Was brauche ich dafür? Was muss in unserem Inneren sterben, um Platz für Neues zu schaffen?

Ritualimpulse

Friedhofsbesuch, Erinnerungen an Verstorbene teilen, Geschichten über die Ahnen aufleben lassen, Ahnenräucherung, Zettel mit Notizen, was losgelassen werden möchte, in ein reinigendes Feuer geben

Speisen

Kürbisgerichte, Allerseelenzopf, Wurzelgemüse, Holundergerichte

Farben

Schwarz, Grau, Orange

Deko

Efeu, Eibe, Kürbisse, Herbstlaub, schwarze Tücher, Kristall- oder Tierskulls

Die Natur im Jahreskreis

Die Nebel hängen immer tiefer über dem Land, die Bäume ziehen ihr buntes Herbstkleid in allen Gelb- und Rottönen an. Kein Wunder, dass der Oktober auch der „goldene Oktober" genannt wird. Die Ernte in der Landwirtschaft und im Garten ist eingebracht, bei uns Kräuterfrauen ist Ruhe eingekehrt, die Erntezeit ist zu Ende.

Die Bäume zeigen zunehmend ihr Skelett, ihre Essenz! Da und dort leuchten noch Herbstastern oder die letzten Rosen, die orangefarbenen Kürbisse dazu bringen noch ein bisschen Farbe in diese Jahreszeit. Man spürt förmlich, wie sich die Kräfte in die Erde zurückziehen.

Es wundert uns nicht, dass bei den Kelten das Ende des Jahreskreises begangen wurde. Das neue Jahr beginnt mit der Dunkelheit, darin bereitet sich das Leben in der Natur auf den nächsten Frühling vor! Bei uns Menschenkindern ist das genauso. In Mamas Bauch ist es erstmal dunkel. Dort können wir in Ruhe gedeihen. Erst bei der Geburt strahlt uns das Licht entgegen.

Ursprung/Mythologie

Die Nacht zum 1. November wird als „all hallows eve" bezeichnet, was auf Deutsch zu „Allerheiligen Abend" wird, auf Englisch wurde Halloween daraus, der ursprüngliche keltische Namen Samhain (sprich: sawen) bedeutet Sommerende.

Die Wand zu den Geistern, Spirits und Verstorbenen ist für alle Menschen in dieser Nacht besonders durchlässig, sonst spüren das nur besonders sensitive Menschen! Der Geist von Verstorbenen kann uns positiv unterstützen, aber auch ein belastendes Erbe im umfassenden Sinne sein!

Keltisch, irischer Ursprung

Die keltischen Iren feierten in der Nacht zum 1. November ihr Gedenkfest für die Verstorbenen und zugleich das Neujahrfest. Sie höhlten Rüben aus und stellten ein Licht hinein, um verirrte Geister heimzuführen. „Jack O'Lantern" ist eine berühmte Figur in dieser Geschichte. Nachdem viele Iren aufgrund von Hungersnot und religiöser Verfolgung nach Amerika emigrierten, wurde dieses Fest etwas adaptiert, indem der dort wachsende Kürbis die ausgehöhlte Rübe ablöste.

Der schwarzer Gott Samhain übernimmt die Herrschaft und erlegt den Sonnenhirsch. Der Gott Samhain raubt die Vegetationsgöttin und verschleppt sie in sein unterirdisches Reich. Sie kennen wir als Frau Holle, Hekate, Cerridween, Kali, u. v. a., sie regiert dort als die Totengöttin, als die weise Alte, die dunkle Göttin. Sie hütet die Seelen der Verstorbenen und die schlafenden Samen und Tiere im Winterschlaf!

Der Hirsch wirft sein Geweih ab, es treibt zu Frühlingsbeginn wieder aus!

Römischer Ursprung:
Die Römer feierten ein spätes Erntedankfest zu Ehren der Göttin Pomona, der Apfelgöttin. Der Apfel gilt als ewiges Symbol für Fruchtbarkeit und Wohlstand.

Christliche Weiterentwicklung
Die Kirche übernahm das Gedenken an die verstorbenen Seelen (2.11.) und das Gedenken an die Heiligen (1.11.). Für das Gedenken an die Märtyrer der Urkirche und die Verstorbenen kannte die Kirche verschiedene Termine: nach Ostern oder nach Pfingsten. Papst Gregor IV. entschied letztlich im Jahr 865, dass das Allerheiligen-Gedenken für die Gläubigen der Westkirche gemeinsam und jährlich am 1. November stattfinden sollte und führte so die keltische Tradition fort!

Im Christentum ist der Sonnenhirsch zum Namenstag des Heiligen Hubertus am 3. November eingezogen. Es ist die Zeit der Hirschjagd und eine Festzeit der Jägerschaft.

Ahnenverehrung – Anfang aller Religionen
Vermutlich begann die Götter- und Göttinnenverehrung in der Geschichte der Menschheit, weil man besondere Ahnen ehrte und nicht vergessen wollte, weil sie durch ihr Leben und ihre Taten für ihr Volk sehr wichtig waren.

Über unsere DNA sind wir mit unseren Ahnen und Ahninnen verbunden, mit ihren Fähigkeiten und Stärken, aber auch mit ihren Krankheiten und negativen Mustern und Schatten. Wir geben sie von Generation zu Generation weiter, auch den Besitz, aber auch so manchen „Fluch"! Jedes Erbe hat somit positive wie negative Seiten.

Traditionen und Brauchtum

Zu Allerheiligen gehört für viele Menschen der obligate Besuch auf dem Friedhof. Oft trifft sich die ganze Verwandtschaft, Allerheiligen ist neben dem Ostermontag ein wichtiger „Godntag". Das bedeutet, dass die Patin oder der Pate das Patenkind besucht oder umgekehrt besucht wird. Dabei wird der Allerseelenzopf häufig als kostbares Geschenk erwartet.

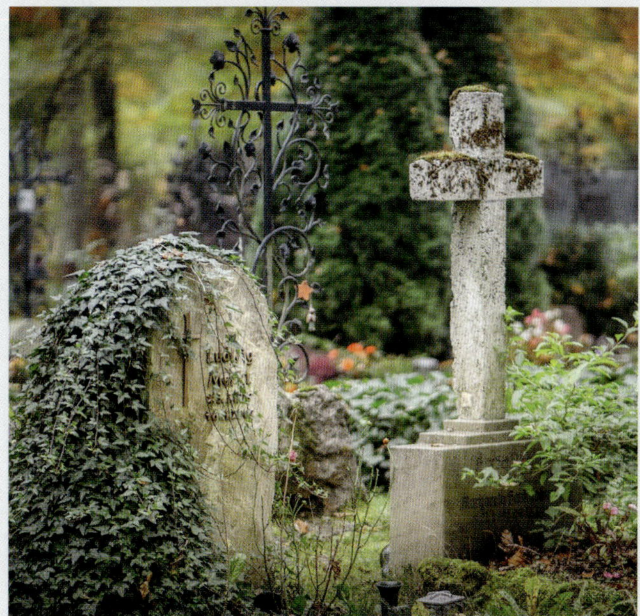

Samhain gilt als Hexensilvester bzw. es beginnt der neue Zyklus des Natur- bzw. Hexenjahres. Es ist das keltische Neujahr, das Leben entsteht in der keltischen Religion aus der Dunkelheit! Wie zu Silvester ist das naturreligiöse Neujahr auch eine Orakelnacht.

Die Toten des Jahres werden endgültig verabschiedet. Licht und Laternen dienen als Wegleuchten, Speis und Trank und auch kleine Geschenke werden mitgegeben, so sichern wir uns die Unterstützung durch die Ahnen.

Die Kräuterernte ist abgeschlossen, nur mehr Beifuß für das Martinigansl wird geerntet, alles andere ist tabu. Das Ganslessen zu Martini geht auf eine keltische Tradition zurück: Wenn am 11.11. das Sternbild der Plejaden wieder sichtbar war, wurden die Gänse, welche als Wächtertiere gehalten wurden, geschlachtet. Ein Zuchtpaar wurde für das kommende Jahr am Leben gelassen. Die Gans gilt auch als Begleittier der Frau Holle, sie verkörpert auch die ungeborenen Seelen.

Allerseelenwecken, Seelenzöpfe, Seelenbrote: Dieser Brauch ist aus Oberösterreich, besonders aus dem Mühlviertel und Innviertel bekannt, ebenso kennt man ihn in Tirol, in der Oberpfalz und im Münchner Raum. Der Allerseelenzopf wird dem Patenkind geschenkt, als Zeichen, dass man gegenseitig füreinander sorgen wird. Verliert das Patenkind die Eltern, ist es immer Aufgabe der Patin/des Paten gewesen, sich um dieses Kind zu kümmern. Umgekehrt sorgt das Patenkind für die alte Godn oder den Göd, wenn diese keine eigenen Kinder haben sollten. Der Seelenwecken ist auch eine Gabe auf dem Grab.

Im Allgäu legte man die Seelenbrote für die Toten in die Stube, bedient haben sich die Bedürftigen des Dorfes daran. Allerheiligenwecken sind Zeichen gebundener Macht!

Lange, offene Haare sind ein Zeichen von Macht und Autonomie, ein Ort, wo sich die Geister verfangen könne. Daher trugen Frauen früher geflochtene Zöpfe, Männer hatten kurze Haare.

Erinnern wir uns an die biblische Geschichte von Simson und Delila: Sie schnitt dem erfolgreichen Kämpfer die langen Haare ab, worauf seine Kraft verloren war.

Allerseelenzöpfe gehen wohl auf antike Trauerkulte zurück, als Zeichen der Trauer schnitt man sich das Haar ab, welches zuvor zum Zopf geflochten wurde. Ein geschorener Kopf ist immer noch ein Zeichen der Entmachtung, er begegnet uns bei KZ-Opfern und Gefängnisinsassen, ebenso bei Mönchen oder Ordensfrauen.

Verstorbene werden mit Speis und Trank geehrt, dafür schenken sie uns Erkenntnisse und Schätze der Anderswelt, besonders in dieser Samhain-Nacht, in der die Wand zwischen dieser Welt und der Anderswelt sehr durchlässig ist. Essensgaben werden z.B. in Mexiko auf die Gräber der Verstorbenen gelegt, dort nennt man diesen Tag den „Dia de Muertos" (Tag der Toten). Es ist eine Einladung zum freudigen und lustigen Festessen des Klans, die Verstorbenen kommen als Gäste oder Geister. In dieser Nacht stellen wir ein zusätzliches Gedeck für die Ahnengeister auf den Tisch!

Verkleidete Kinder: Da die verstorbenen Seelen in dieser Nacht mit der dünnen Wand zwischen den Lebenden und den Toten herumirren und dabei unschuldige Kinder mitnehmen könnten, verkleiden sich die Kinder selbst als abschreckende Geistwesen und bedienen sich des abschreckenden Charakters der Verkleidung als Gespenster, Tod, Hexe, usw.

Persönliche Themen

Im Zyklus des Jahres steht das düstere, dunkle Samhain-Fest dem lebendigen, grünen Beltane-Fest, der Walpurgisnacht, gegenüber.

Die wesentliche Frage ist: Was bleibt übrig, wenn der Glanz gewichen ist? Wie der winterliche Garten, der alternde Menschen, ein Mensch ohne berufliche Auf-

gabe in Arbeitslosigkeit. Übrig bleibst du in deiner Unmittelbarkeit, Einfachheit, Einzigartigkeit!

Es ist die Zeit des Rückzugs, um die Klarheit der eigenen Essenz zu spüren! Wer sind wir ohne Job, Besitz, Beziehungen, Gesundheit, was bleibt von uns wirklich übrig, wenn all diese Säulen wegbrechen?

Herbst- und Winterdepressionen kommen nicht von zu wenig Licht, sondern daher, dass wir die dunklen Seiten des Lebens nicht aushalten wollen, nicht hineingehen wollen. Oft fliehen wir vor den eigenen Schattenseiten. Auch diese Zeit des Jahreszyklus ist notwendig, damit im Frühling alles wieder treibt und wächst, auch bei uns selbst!

Es braucht das Bewusstsein, Lebendiges wieder gehen zu lassen und den Tod als Teil des Naturzyklus zu begreifen. Diese Zeit lehrt uns, unsere eigene Sterblichkeit nicht zu vergessen und uns dem Prozess des Alterns zu stellen, ohne ihn zu beschönigen. Deshalb ist auch der Besuch eines Friedhofes in dieser Jahreszeit sinnvoll.

Es geht um Rückzug, wir brauchen Ruhe, Stille, um auch die leisen Töne zu hören. Das, was im lauten, bunten, vollen Alltag immer wieder zu kurz kommt, wird in der Leere bewusst. Wir brauchen diesen Tiefgang im Jahreskreis, um die verborgenen Kräfte, die sich im neuen Jahr entfalten wollen, zu entdecken. Unsere Juwelen, die wir als Schwächen, dunkle Punkte, Ängste, Peinlichkeiten und Zweifel wahrnehmen.

Ritualimpulse

Das Samhain-Ritual bei SPIRIT & VISION

Wir eröffnen dieses Jahreskreisfest mit dem Aufeinanderschlagen von Hirschknochen anstatt der obligaten Trommel.

Der Altar/die Mitte ist mit schwarzen Tüchern, Kürbissen, Herbstlaub, Kristallschädeln und Fundstücken aus der Natur gestaltet. Wir sitzen um den Hexenkessel, wenn das Wetter mitspielt, im herbstlichen Garten.

Mit einer Ahnen-Räucherung gedenken wir unserer Verstorbenen und zünden ein Grablicht an. Wir erzählen von ihnen, zeigen Bilder und Erinnerungsstücke.

Mittels Skelettmeditation zur Musik von „Höhle der Gebeine" reisen wir zur eigenen Endlichkeit.

Bei Kürbissuppe und Allerseelenzopf lassen wir den Abend gemeinsam ausklingen.

Friedhofsbesuch
Wir erweisen unseren Ahnen und Vorfahren die Ehre mit einem Besuch am Grab, wir bitten sie um Unterstützung für unser Leben. Mögen sie hinter uns stehen und uns den Rücken stärken, damit unser Weg nach vorne frei ist!

Räucherung für die Ahnen
Wir räuchern gerne im Hexenkessel für unsere Ahnen, die Mischung besteht z.B. aus Weihrauch, Sandelholz, Myrrhe, Holunderblüten, Beifuß und Wacholderbeeren.

Kürbis schnitzen
Eine wunderschöne Tätigkeit für Kinder und Erwachsene.

Ahnenteller aufstellen
Am Esstisch wird ein zusätzlicher Teller für die Ahnen aufgestellt, diese Gaben kommen als Opfergabe in die Natur.

Geschichten über Verstorbene erzählen
Lustiges und Besonderes holt unsere Ahnen wieder in den Kreis der Familie oder in die Ritualgruppe. Dabei können Bilder und Erinnerungsstücke in die Mitte gebracht werden. Die TeilnehmerInnen bringen ein Grablicht und Bilder von ihren Verstorbenen mit.

Gespräch über das eigene Sterben und das Begräbnis
Was würdest du tun/ändern, wenn du noch ein Jahr zu leben hättest? Wie soll dein Begräbnis aussehen? Ort? Gäste? Feierlichkeit/Ritual?

Kulinarisches zum Fest

Der Kürbis und diverse Zubereitungen daraus sind zum kulinarischen Standard zu Samhain und Halloween geworden. Wenn Kinder mitfeiern, kann es auch etwas Gruseliges geben. Ansonsten gehören Wurzelgemüse, Äpfel, Nüsse und Holunderbeeren zu diesem Jahreskreisfest.

Allerseelenzopf

Während ich den Allerseelenzopf zubereite, denke ich an die dreifache Göttin und bitte sie um Unterstützung für die dunkle Jahreszeit. Ich flechte den Zopf in Erinnerung an die Jungfrau, die Mutter und die weise Alte.

Zutaten

750 g	Mehl
125 g	Staubzucker
1	Würfel Germ oder 1 Pkg. Trockengerm
375 ml	lauwarme Milch
100 g	weiche Butter
1 Prise	Salz
2	Eier
	Lauwarme Milch zum Bestreichen
	Mandelblättchen oder Hagelzucker zum Bestreuen

Zubereitung

Für den Germteig das Mehl in eine Schüssel sieben. Die Germ in 3–4 EL lauwarmer Milch und 1 TL Zucker auflösen und diese aufgelöste Germ in eine kleine Vertiefung im Mehl geben. Die Germ mit einem Teelöffel und mit etwas Mehl andicken. Mit einem Küchenhandtuch abgedeckt ca. 15 Minuten gehen lassen. Dieser Vorgang entfällt, wenn man Trockengerm verwendet.

Nun die übrigen Zutaten dazugeben. Das Ganze auf höchster Stufe mit dem Rührgerät oder in der Küchenmaschine ca. 5 Minuten durchkneten, bis ein geschmeidiger Teig entstanden ist. Nun den Teig wieder mit einem Küchenhandtuch abdecken und so lange gehen lassen, bis sich der Teig ungefähr verdoppelt hat (ca. 45 Minuten).

Den Teig auf die Arbeitsplatte geben und noch einmal kurz durchkneten. Den Teig in drei Teile aufteilen und zu einem Zopf flechten. Der Zopf wird mit lauwarmer Milch bestrichen und kann mit Mandelblättchen oder Hagelzucker bestreut werden.

Im vorgeheizten Backofen bei 200 °C ca. 20–30 Minuten backen.

Frau-Holle-Marmelade

Diese Marmelade schmeckt sehr lecker auf dem Allerseelenzopf. Ich bereite sie schon am Ende des Sommers zu. Mit dieser Herbst- und Wintermarmelade holen wir uns die Kraft der Frau Holle aufs Brot!

Zutaten

700 g abgerebelte Holunderbeeren
1 Apfel, geschält und in Stücke geschnitten
300 g Zwetschken in Stücke geschnitten
Zimtstange und Gewürznelken nach Geschmack
500 g Gelierzucker 2:1

Zubereitung

Aus allen Zutaten wird eine Marmelade gekocht. Werden die Gewürze ganz verwendet, müssen sie vor dem Pürieren wieder entfernt werden. Mit dem Pürierstab eine feine Marmelade zubereiten. In saubere Gläser füllen und beschriften.

Achtung: Holunderbeeren sind roh ungenießbar und müssen ca. 20 Minuten geköchelt werden, dann werden sie zu wahrer Medizin in Erkältungszeiten!

Holunderpunsch

Zutaten

1 lt Apfelsaft
½ lt Holunderbeerensaft
1 Zimtstange
5 Gewürznelken
2 Äpfel, geschält und in kleine Stücke geschnitten
Zucker nach Geschmack

Zubereitung

Alle Zutaten werden geköchelt, bis die Apfelstücke weich geworden sind. Gewürze entfernen, auf Wunsch kann etwas Rum dazugegeben werden.

Kürbissuppe

Die Kürbissuppe ist der Klassiker zum Samhain-Ritual. Jede Köchin hat ihr eigenes Lieblingsrezept, ob aus Hokkaido oder Butternusskürbis, mit Kokosmilch oder etwas schärfer mit Chili, bleibt der persönlichen Vorliebe überlassen. Als Topping passen Semmelwürfel, Kürbiskerne und Kürbiskernöl oder ein Kürbiskernpesto!

Wintersonnenwende – Julfest

Wintersonnenwende – Julfest · 21. Dezember

Wenn in der dunkelsten Winternacht,
die Muttergöttin das Lichtkind
in ihrem Schoße wiegt,
wenn die Gottesmutter Maria
das Jesuskind in ihren Armen hält,
dann feiern wir die geweihten Nächte!

Zeitqualität

Die Wintersonnenwende oder das Julfest kennzeichnet die längste Nacht des Jahres. Wir feiern die Geburt des Lichtkindes! Die „geweihten Nächte" verheißen das Wissen um die große Umkehr, den Wiederaufstieg des Lichts und die Wiedergeburt des neuen Lebens auch in uns selbst! Die Bäume sind kahl, nur die immergrünen Nadelbäume erinnern uns an die Hoffnung und erfreuen uns mit ihrer Farbe. Es ist Zeit für Ruhe und Zurückgezogenheit.

Themen

Neues Leben entsteht aus der Dunkelheit. Was liegt ganz tief drinnen in dir verborgen und möchte langsam ans Licht kommen? Was lehren mich die dunklen Zeiten in meinem Leben?

Ritualimpulse

Lichtrituale, Tannenbaum schmücken, Festessen und Geschenke im Kreise der Familie

Speisen

Weihnachtsgebäck = Symbolgebäck, Wein, Met, Julbraten

Farben

Tannengrün, Rot, Gold

Deko

Weihnachtsbaum, Julscheit, Mistel, Stechpalme

Die Natur im Jahreskreis

Alles Leben hat sich zurückgezogen, vielleicht haben schon Schnee und Frost einen weißen Mantel über die Keimlinge und Wurzeln tief in der Erde gelegt. Kahl strecken die Bäume ihre Äste in den Himmel, nur die immergrünen Nadelbäume erfreuen uns mit lebendigem Grün. Die Tierwelt hat sich weitgehend in ihre Winterbehausungen zurückgezogen. Die Tage sind kurz geworden, die Nächte dafür umso länger.

Die Einkaufsstraßen erstrahlen im Lichtermeer, als ob die Menschen vor der Dunkelheit fliehen würden. Der Advent mitsamt den Weihnachtstagen sollte die ruhigste Zeit im Jahr sein, leider ist sie für viele Menschen zur betriebsamsten und stressigsten Zeit des Jahres geworden. Werfen wir doch einen Blick zurück in die Zeit, damit wir den Sinn und die Bedeutung dieser Jahreszeit, der Wintersonnenwende und der Weihnachtszeit besser erfassen können.

Bei uns sind seit Ende November die Wohnung, der Eingang, die Terrasse und der Garten winterlich geschmückt, ich liebe die traditionellen Weihnachtsfarben rot und grün! So dekoriere ich mit immergrünen Zweigen, vielen Zapfen, roten Kerzen und dem „winterlichen Hirschgott" in zahlreichen Variationen.

Ursprung und Mythologie

Bereits Jahrhunderte vor der Ausbreitung des Christentums war das Wintersonnenwendfest in allen indogermanischen Regionen und auch anderorts verbreitet. Unter verschiedensten Namen wurde die Lichtgottheit verehrt. Die Römer feierten ihren „unbesiegten Sonnengott". Bei den nordischen Völkern war dieses Fest unter den Namen „Yule" bzw. „Jul" bekannt, hier in Mitteleuropa war der Begriff „Wintersonnenwende" gebräuchlich.

Für die nordischen Völker hatte die Wiederkehr des Lichts jedoch eine viel intensivere Bedeutung, als für

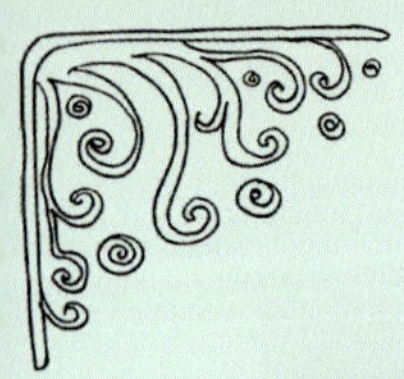

Mitteleuropäer. Bereits mit Samhain, der Nacht der Toten zum 1. November, beginnt die dunkle Zeit des Jahres. Bedingt durch das raue, harte Klima und die strengen Winter, bedeutete der Beginn des Winters nichts anderes, als das Überleben der Menschen im hohen Norden zu sichern. Denn die Vorräte waren begrenzt und ohne Sonnenlicht lagen der Ackerbau und die Viehzucht, also die Lebensgrundlage der Nordmenschen, brach. Die Zeit der Wintersonnenwende wurde mit einem großen Festmahl begangen und die Wiederkehr der Sonne wurde mit Julfeuern gefeiert.

Zur dunklen Wintersonnenwende wurde in vielen Kulturen die Geburt des „Erlösers, des Sonnengottes" gefeiert, so legte auch die junge Christenheit die Geburt ihres „Lichtkindes" genau in diese Zeit. Im Jahre 354 wurde das erstmals in einer römischen Chronik erwähnt.

Die dunkel werdende Zeit ist endlich überwunden, das Licht nimmt wieder langsam an Kraft zu. Bis Imbolc/ Lichtmess, am 1. Februar, ist das Licht schon spürbar heller. Viele Rituale und Traditionen gehören in diese dunkle Zeit. Die „geweihten Nächte" verheißen das Wissen um die große Umkehr. In den magischen Raunächten wird das Lichtkind besonders geschützt und begleitet, mit Räucherungen und Ritualen behutsam durch die dunkle Zeit gebracht.

Die weise alte Göttin bestimmt diese dunkle Jahreszeit. Wir kennen sie als Frau Holle, als Frau Percht, auch als Lucia, die Lichtbringerin und als Maria mit dem Sternenkranz. Der Hirschgott Cernunnos spielt in der keltischen Kultur die tragende männliche Rolle. Er hütet mit

Frau Holle die Samen und die ungeborenen Seelen in der Unterwelt, um zur Wintersonnenwende auf seinem Geweih die Sonne wieder hervorzubringen. Nicht zufällig erfreut sich Weihnachtsdekoration in Hirschform großer Beliebtheit. Bei uns ersetzt eine abgeworfene Geweihstange mit vier roten Kerzen und Wintergrün den traditionellen Adventkranz auf dem Tisch. Der selbst gebundene Kranz aus immergrünen Zweigen von Tanne, Stechpalme, Mistel und Eibe schmückt die Eingangstür.

Persönliche Themen

Wir sehnen uns nach Licht, weil wir uns schwertun, die Dunkelheit auszuhalten. Nicht zufällig leiden viele Menschen in der Winterzeit an Depressionen und spüren den Winterblues. Wir weichen der Zeit der Dunkelheit, dem Finsteren, Unbekannten, Unkontrollierbaren gerne aus.

Weder das Leben noch das Naturjahr ist immer hübsch. Wie es Räume für das Licht, das Ausdehnen und Entfalten gibt, so braucht es auch Räume des Rückzugs, der Regeneration, der Sammlung, des in die Tiefe Gehens. Im Grunde können wir im zyklischen Lebensprinzip nichts abkürzen oder auslassen. In der Dunkelheit entsteht neues Leben, so wie die Schwangerschaft im dunklen Schoß der Frau vor sich geht und wie sich die Knospen und Blumenzwiebeln im dunklen Erdreich vorbereiten. Nur aus der Dunkelheit und Kälte der Erde entsteht im Frühling neues Leben. Nur in unseren Krisenzeiten gebären wir unsere Stärken und unsere Weisheit. Nur wenn sich die Lebenskräfte in der Natur und auch in uns selbst über den Winter erholen können, dann ist neues Wachstum im Frühjahr möglich!

Traditionen und Brauchtum

Als ehemals studierte Theologin liegt es mir fern, blasphemisch zu wirken, aber von all dem Brauchtum zu Weihnachten ist in der Bibel nirgends die Rede, also müssen wir woanders die Hintergründe dafür suchen. Fast alle heutigen Weihnachtsbräuche (Tannenbaum, Misteln, Kerzen, Geschenke, Kekse, Räucherungen, usw.) haben ihre Wurzeln in der alten keltischen oder germanischen Kultur. Das Ritual hilft uns zu verstehen, was wir über religiöse und konfessionelle Grenzen hin weg zu Weihnachten feiern.

Weihnachtsbaum

Wir schmücken den Weihnachtsbaum, der eigentlich ein Abbild des germanischen Lebensbaumes / des schamanischen Weltenbaumes ist, mit heiligen, magischen Symbolen:

- die roten Äpfel des ewigen Lebens
- die goldenen Nüsse der Weisheit
- mit schamanisch-visionären Fliegenpilzen
- mit sonnigen Orangenscheiben
- und leuchtenden Kerzen

Das Schmücken des Weihnachtsbaumes war eigentlich ein schamanisches Ritual zu Ehren dieses Weltenbaumes.

Und wir freuen uns an diesem Sinnbild ewigen Lebens. Wir weihen ihm Tage und Nächte und widmen ihm Lieder und Gedichte. Er grünt sogar dann, wenn unsere dunkelste Zeit im Jahreszyklus ist – wenn die Sonne in der Unterwelt währt.

Bei unserem Fest zur Wintersonnenwende schmücken wir den Weihnachtsbaum immer gemeinsam!

Geschenke

Die Verbundenheit mit unseren Lieben in Form von Geschenken auszudrücken, ist ein wunderschöner Brauch. Besonders in dunkler Zeit (früher mehr die Jahreszeit, heute eher die Lebenskrisen und Dunkelheiten des Alltags) und zum Fest der Liebe brauchen wir Familie, FreundInnen, Vertraute und Verbündete, welche wir gerne beschenken. Nicht umsonst treffen sich die meisten Familien in der Weihnachtszeit, um gemeinsam zu essen, trinken und Geschenke auszutauschen. Weltweit ist Weihnachten zu DEM Familienfest geworden, egal ob Menschen religiös sind oder nicht!

Kekse

Das weihnachtliche Backwerk knüpft an die Tradition der Gebildbrote an, welche als Opfergaben zu verschiedenen Anlässen gebacken wurden! Die Symbole: Herz, Stern, Mond, Kreis, Männchen, Kipferl etc. entsprechen alten archaischen Formen!

Julbier

Unsere naturverbundenen Vorfahren brauten für große, wichtige Feste im Jahreslauf berauschende Biere, nicht nach dem Reinheitsgebot, sondern mit berauschenden Kräutern, um durch den Rausch mit den Göttern und Göttinnen verbunden zu sein. Heute nennen wir dieses Bier „Bockbier", welches sich durch einen hohen Alkoholgehalt auszeichnet, der (Ziegen)bock ist dabei ein wichtiges Fruchtbarkeitssymbol, man denke an Gott Pan mit seinen Ziegenfüßen und seinem immer großen Phallus!

Später wurde in der adventlichen Fastenzeit in den Klosterbrauereien kraftvolleres, nahrhafteres Bier gebraut, um auch in der Fastenzeit satt zu werden. Die nordischen Völker genossen zu den Festtagen vergorenen Honigwein, den Met!

Julscheit

Der Julscheit ist ein mit Wintergrün und Kerzen geschmücktes Stück Holz(scheit). Er symbolisiert die Rückkehr des Sonnenlichts und steht für die Wärme des Herdfeuers in der kalten Jahreszeit. Zum Höhepunkt der Feierlichkeiten wird der Julscheit mit Wein gesegnet und anschließend verbrannt. Das geschieht entweder im offenen Feuer oder sinnbildlich mit dem Anzünden der Kerzen. Das Verbrennen des Scheits

symbolisiert die Wiedergeburt des großen Gottes in der heiligen Flamme der großen Göttin.

Weihnachtsgans

Die Weihnachtsgans gilt als Vogel der Frau Holle und in ihrem Inneren sind Äpfel und der wunderbare Beifuß als Gewürz und Begleitung.

Räucherungen

Zur Wintersonnenwende, in der Thomasnacht, werden Haus und Hof geräuchert, für viele Menschen ist diese Nacht der Beginn der Raunächte. In den Raunächten feiern wir den Übergang vom alten zum neuen Jahr, es ist Zeit zum Loslassen und Danke sagen, aber auch Zeit zur Neuausrichtung und um gute Führung für das Neue zu bitten. Die Raunächte haben unterschiedliche Termine, meistens beginnen sie zur Wintersonnenwende am 21.12. oder in der Heiligen Nacht am 24.12. und enden mit dem ursprünglichen Perchtatag am 6. Jänner.

Auf jeden Fall wird in den „fetten" Raunächten geräuchert, diese sind der Thomasabend am 21.12., der Heilige Abend am 24.12., Silvester am 31.12. und der Abend vor den Heiligen Drei Königen am 6.1.

Aus dem Schoß von Mutter Erde, der großen Göttin, der Jungfrau Maria wird das Lichtkind geboren!

Odins wilde Jagd beginnt, Perchta fährt mit Sturm und Wind durch die Bäume. Es gilt das Lichtkind zu beschützen und den Sieg über die Dunkelheit zu feiern, obwohl der richtige Winter erst beginnt.

Ritualimpulse

Das Julfest bei SPIRIT & VISION

Wir versammeln uns beim Tannenbaum, um ihn gemeinsam mit den magischen Symbolen zu schmücken. Im Zentrum steht die Geburt des Licht(kindes), wir gehen in die Lichterspirale zur Musik von „Travelling down, down to the ground"[1] und entzünden die Lichter nach und nach. Wir tanzen zu „This little light of mine"[2] mit Teelichtern in den Händen vor dem Tannenbaum. Wir singen „Oh, Tannenbaum"[3] und „Alle Jahre wieder kommt das Lichterkind"[4], auch die pagane Variante von „Silent night, solstice night"[5] kann man wunderschön mitsingen. Anschließend beschenken wir einander mit mitgebrachten Kerzen. Wir danken der Göttin für die Geburt des Lichtes und freuen uns, dass die Dunkelheit an ihrem Höhepunkt angelangt ist und wieder abnimmt.

Am festlich geschmückten Tisch genießen wir das Essen in Sonnenform – wie die Spinatsonne oder traditionelle Zimtschnecken in Spiralform.

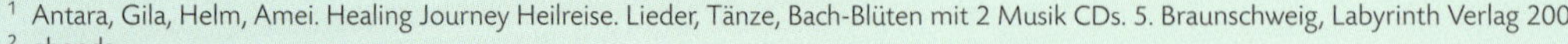

1 Antara, Gila, Helm, Amei. Healing Journey Heilreise. Lieder, Tänze, Bach-Blüten mit 2 Musik CDs. 5. Braunschweig, Labyrinth Verlag 2008
2 ebenda
3 Traditionelles Weihnachtslied
4 Traditionelles Weihnachtslied, umgetextet
5 Zahlreiche Varianten finden sich auf Youtube

Spiralgang in die Tiefe

Wir legen eine linksläufig zu begehende Spirale mit rotem Band oder bei Schnee mit Tannenzweigen, darauf stellen wir Gläser mit Teelichtern von außen nach innen, immer enger, immer kleiner, immer näher um das kleine Licht in der Mitte. Dort brennt das Feuer in der Feuerschale, wir verharren, warten und üben uns in Geduld.

Das neue Licht ist geboren, kommt wieder zu Kräften und alles dehnt sich wieder aus. Nimm mit dem Streichholz vom Feuer in der Mitte und entzünde zwei bis drei Teelichter und bring das Licht wieder aus der Spirale im Uhrzeigersinn hinaus. Alle Teilnehmenden begehen die Spirale und entzünden einige Teelichter, am Ende sind alle Lichter in der Spirale entzündet! Das neue Licht ist geboren!

Kerzen-Schenk-Ritual

Weihnachten ist ein Fest des Schenkens und der guten Wünsche:

Jede hat eine Kerze mitgebracht, sie geht reihum nach links, jede gibt einen Wunsch, einen Gedanken hinein, bis sie rechts von der Geberin landet. Die Empfängerin bekommt mit der Kerze alle guten Wünsche der gesamten Gruppe geschenkt.

Dieses Ritual kann in Jahreskreisgruppen, im Freundeskreis oder in Familien, wo man auf große Geschenke verzichtet, wunderbar ausdrücken, worum es geht: Das Lichtkind ist geboren und die Zeit der Dunkelheit ist überwunden.

Stechpalme und Mistel EXKURS

„The holly and the mistletoe", wie sie im englischsprachigen Raum heißen, sind die traditionellsten Weihnachtspflanzen. Die dunkelgrüne Stechpalme mit den roten Beeren und die hellgrüne magische Mistel mit den weißen Beeren. Vielerorts hängt der Mistelzweig über der Eingangstür und wir freuen uns auf den berühmten Kuss.

In England und den USA wird besonders der Kamin mit den zwei magischen Weihnachtspflanzen geschmückt, ist doch der Kamin der Ort, wo der Weihnachtsmann hereinkommt, um die Geschenke zu bringen. Der Kamin ist immer das Ein- und Austrittstor der Geister, auch die Hexe fliegt durch den Kamin hinaus. Das ist der wahre Grund, warum wir den Rauchfangkehrer zu Silvester als Glücksboten ehren.

Besonders spannend finde ich aber, dass die Mistel bei uns allgegenwärtig ist, mit ihren weißen Beeren verkörpert sie die männliche Kraft. Wo bleibt aber die weibliche Ergänzung: die Stechpalme mit ihren roten Beeren? Rot und weiß sind in vielen schamanischen Kulturen die magischen Farben für das Weibliche (rot = Menstruationsblut) und das Männliche (weiß = Samenkraft). Zu Weihnachten tauchen sie wieder in unseren Wohnzimmern auf, feiern wir doch das wiedergeborene Leben mit beiden Aspekten!

Kulinarisches zum Fest

Einiges über die kulinarischen Spezialitäten unserer Vorfahren im nordischen Raum ist heute noch bekannt. Da wurde vor allem das Fleisch der Opfertiere Schwein (Eber als Begleittier der Göttin Freya, der Eber stößt auch das Sonnenrad wieder an!) und Pferd (dem Wotan/Odin geweiht) nach der Opferzeremonie gemeinsam verzehrt.

Deswegen wurde auch in den Kapitularien Karl des Großen, verfasst vom christlichen Klerus, der Verzehr von Pferdefleisch mit der Todesstrafe bedroht. Das Pferdefleisch ist ja immer noch als heidnisch verpönt! Die gekreuzten Pferdeköpfe begegnen uns noch in jedem Ort als Symbol der Raiffeisenbank. Im Norden Deutschlands zieren sie noch viele Hausgiebel!

In der heidnischen Opferzeremonie sollte durch das Vergießen von Blut („Lebenssaft") sozusagen die wiedergeborene Sonne gestärkt werden.

Die Sonnensymbolik sowie die Spiralsymbolik gehören zur Winter- und auch zur Sommersonnenwende. Besonders passend sind auch Gerichte mit Wurzelgemüse, gehen wir doch tief zu unseren eigenen Wurzeln in diesen dunklen Winternächten. Ofengemüse mit Feta oder Eintöpfe sowie Früchtebrot und Kekse passen wunderbar zur Kulinarik der Wintersonnenwende.

Spinatsonne

Dieses einfache, aber kreative Rezept gelingt auch bei weniger Küchenerfahrung. Für Kinder oder Jugendliche kann das Rezept auch zur Pizzasonne umgewandelt werden.

Zutaten

2	Quiche-Teige, rund
500 g	Blattspinat oder Mangold, blanchiert
1	große Zwiebel, würfelig geschnitten
3	Knoblauchzehen, blättrig geschnitten
	Olivenöl
	Kräutersalz, Pfeffer, Muskatnuss
200 g	Feta
1	verquirltes Ei zum Bestreichen

Als vegane Variante statt dem Feta angebratene und gewürzte Tofuwürfel unterheben und zum Bestreichen eine Pflanzenmilch verwenden.

Zubereitung

Das Olivenöl in einer Pfanne erhitzen, die Zwiebel und den Knoblauch darin anbräunen. Den Spinat oder den Mangold dazu geben. Würzen und den in Würfel geschnittenen Feta untermischen. Die Fülle abkühlen lassen.

Den Quiche-Teig auf dem Papier ausbreiten. Auf dem unteren Boden die Spinatfülle verteilen, dabei in der Mitte einen kleinen Hügel machen und rundherum einen Ring bilden, den zweiten Teig darauflegen.

Rund um die Mitte mit einer passenden Schüssel die Teige aufeinanderdrücken oder mit den Händen fixieren. Die äußeren Ränder mit den Händen aufeinanderdrücken und schließen.

Der äußere Ring wird nun strahlenförmig mit einem scharfen Messer eingeschnitten (siehe Foto). Diese Strahlen werden dann alle reihum um 90° gedreht, sodass die Spinatfülle sichtbar wird (siehe Foto). Die Sonne wird mit verquirltem Ei oder Pflanzenmilch bepinselt und mit Sesam und Schwarzkümmel bestreut.

Nach Packungsanleitung hellbraun backen und gemeinsam genießen!

Apfelpunsch

Zutaten

700 ml Weißwein oder Wasser
1 lt Apfelsaft, naturtrüb
2 TL Nelken
3 Zimtstangen
1 Vanillezucker
300 ml Apfelmus oder Bratapfelkompott

Für die alkoholische Variante:
40 ml Amaretto
80 ml Rum

Zubereitung

Alle Zutaten, außer Amaretto und Rum, sanft erwärmen und ca. 2 Stunden ziehen lassen. Die Gewürze wieder entfernen. Für die alkoholische Variante vor dem Servieren Amaretto und Rum dazugeben und genussvoll trinken!

Schwedische Zimtschnecken – Kanelbullar

Sie gehören zu jedem Julfest in Schweden. Die Spiralsymbolik führt uns hinein in die dunkelsten Nächte und zeigt uns auch den Weg hinaus zur Geburt des Lichtes.

Zutaten

150 g	Butter
500 ml	Milch
1	Würfel frischer Germ (Hefe)
150 g	Zucker
1 TL	Salz
1 TL	Kardamompulver, gemahlen
1 kg	Weizenmehl

Für die Füllung:

75 g	Butter
100 g	Zucker
1 El	Zimtpulver
1	Ei zum Bestreichen
	Zucker zum Bestreuen

Zubereitung

Die Butter schmelzen, die Milch hinzufügen und sanft erwärmen. Den Germ in der Milch auflösen. Danach Zucker, Salz, Kardamom und fast das ganze Mehl hineinrühren. Den Teig kneten, bis er geschmeidig wird. Falls nötig, noch etwas mehr Mehl hinzufügen.

Den Teig anschließend mit einem Handtuch abdecken und für rund 30–40 Minuten aufgehen lassen.

Den Teig auf einer mehligen Arbeitsfläche durchkneten. Dann in drei Teile aufteilen und jeweils eine dünne, rechteckige Fläche ausrollen. Diese mit weicher Butter bestreichen. Zucker und Zimt mischen und den Teig damit dick bestreuen.

Zu einer Rolle wickeln. In ungefähr 4 cm dicke Scheiben schneiden. Die Stücke mit der geschnittenen Seite nach unten auf das Backblech legen. Den Teig so noch einmal aufgehen lassen. Er wird in 30 Minuten ungefähr doppelt so groß.

Den Ofen auf 220 °C Ober-/Unterhitze aufheizen.

Die Zimtschnecken mit geschlagenem Ei bepinseln. Anschließend mit Zucker bestreuen. Auf mittlerer Stufe im vorgeheizten Backofen bei 220 °C etwa 5–8 Minuten backen. Unter einem Handtuch abkühlen lassen.

Imbolc – Lichtmess

Imbolc – Lichtmess · 1. Februar

Weiß, leuchtend und inspirierend, strahlend hell und zart, kristallklar und frei, wachsen der Hoffnung Flügel! Im Bauch von Mutter Erde regt sich neues Leben.

Zeitqualität
Das Licht hat an Kraft gewonnen und die Sonne macht die Tage wieder um eine Stunde länger. Imbolc bedeutet „im Bauch": Dies bezieht sich auf die lammenden Schafe und die Samen, die in der Erde liegen.

Dieses Fest ist der keltischen Göttin Brigid geweiht. Ihr Symbol ist das Feuer, das sowohl Licht bringt, aber auch die Kraft der Inspiration und Heilung.

Themen
Welche Visionen habe ich für dieses Jahr? Welches Thema soll sich klären? Welche Pläne und Projekte trage ich in mir schwanger?

Ritualimpulse
Kerzenweihe, Beginn von Reinigungskuren, binden von Brigid Wheels aus Stroh

Speisen
(Schaf)milchspeisen, erste grüne Kräuter, gebackene Brigid Wheels

Farben
Weiß, Silber, zartes Grün

Deko
Weiße Kerzen, Brigid Wheels, Schneeglöckchen

Die Natur im Jahreskreis

Die ersten Knospen und die ersten Blümchen sind schon sichtbar! Die Tage sind schon spürbar länger und heller geworden! Seit der Wintersonnenwende hat der Tag wieder eine Stunde zugenommen!

Bei milden Wintern wird der Garten schon aufgeräumt, die ersten Frühlingsblüher wie die Schneeglöckchen, Christrosen sowie vorgezogene Primeln schmücken unsere Terrasse! GartenbesitzerInnen zie-

hen auf der Fensterbank die ersten Samen vor. Die weihnachtliche Dekoration wird endgültig weggeräumt, das Tannenreisig schützt nur noch die jungen Triebe vor dem Frost, der immer noch zu erwarten ist. In kälteren Gegenden liegt noch eine dicke Schneedecke über den keimenden Pflanzen. Wird es wärmer, beginnt der Schnee zu tauen und die Wasser beginnen zu fließen.

Zahlreiche Sprüche ranken sich um die Zeitqualität zu Lichtmess und erzählen davon, dass der Februar noch zum Winter gehört:

- *Heftige Nordwinde im Februar vermelden ein gar fruchtbar Jahr!*
- *Wenn der Nordwind im Februar nicht will, dann kommt er sicher im April!*
- Von der Zunahme des Lichtes nach der Wintersonnenwende erzählt dieser Reim, hier ins Hochdeutsche übersetzt:
  Zu Weihnachten um einen Hahnentritt,
  zu Neujahr um einen Männerschritt,
  zu Dreikönig um einen Hirschensprung
  und zu Lichtmess um eine ganze Stunde!

Ursprung/Mythologie

Wir feiern ein Fest der Hoffnung, dass die dunkle Zeit der Vergangenheit angehört und durchgangen wurde und der Frühling auch heuer wiederkommt. Das keltische Imbolc-Fest wird am 1. Februar gefeiert, Maria Lichtmess als christianisierte Form am 2. Februar, am Festtag der Heiligen Brigitte.

Wie kein anderes Fest im Jahreskreislauf zeigt dieses Fest die enge Verbindung und Überschneidung eines ursprünglich keltisch-heidnischen Festes hin zu einem christlichen Fest. Die Stränge lassen sich fast nicht voneinander trennen, so sehr sind die keltische Göttin Brigid und die irisch-christliche Heilige Brigida miteinander verwoben.

Imbolc wird meistens mit „im Bauch" übersetzt und bezieht sich auf die trächtigen Tiere. Das Lammen der Schafe setzt ein, es meint aber auch die „schwangere" Erde. In diesem neuen Licht erscheint die Göttin als die schöne Lichtjungfrau Brigid – „die vom Strahlenkranz umgebene" – und löst damit die dunkle, schwarze Göttin ab, die als Percht, Cerridwen oder auch Morrigane den Winter beherrschte.

Im keltischen Irland spielt die Göttin Brigid eine entscheidende Rolle, eine weiß-rote jungfräuliche Göttin, sie ist die Hüterin des ewigen Feuers, die Patronin der Dicht- und Schmiedekunst und der Heilkunst. Ihr Name steckt auch im englischen Wort für strahlend, hell = bright. Brighid, Birgid oder Bridget – all diese Namen bedeuten in etwa „leuchtender Pfeil". Und sie klingen mit in den Namen von Bregenz, Brigg und Burgund. Brigid war die mächtigste und beliebteste Göttin der Kelten. Als Muttergöttin war sie Schutzherrin von Vieh und Ernte und hat den Menschen alles beigebracht, was sie zum Leben brauchten. Ein Symbol für Brigid ist das Feuer. Als Göttin des himmlischen Feuers wurde sie jeden Morgen mit einer Flamme auf dem Haupt neu-

geboren. Anfang Februar wurden ihr zu Ehren Kreuze aus Stroh geflochten, angezündet und brennend den Berg hinuntergeworfen. Sie sollten die Kraft der noch jungen Sonne stärken und Haus und Hof beschützen.

Es ist ihre Feuerkraft, die im Februar das Eis schmelzen, das Wasser wieder fließen, die Flüsse anschwellen lässt und neue Fruchtbarkeit bringt. Wasser aus Brigids heilkräftigen Quellen machte die Menschen wieder gesund. Es reinigte die Augen, heilte Augenkrankheiten und schenkte Blinden die Sehkraft zurück. Die Göttin kannte die Kraft aller heilenden Pflanzen und gab dieses Wissen ihren 19 Priesterinnen weiter. Diese Frauen brachten es zu den Menschen und lehrten sie, ihre Gesundheit zu pflegen.

Brigid inspirierte die Dichter zu klingenden Versen, die Geschichtenerzähler zu immer neuen Ideen und die Barden zu mitreißenden Melodien. Zur Freude aller war sie die Göttin der schönen Künste. Als Göttin der Schmiedekunst lehrte sie den Gebrauch von Waffen und beschützte die Krieger, die brigands, oder wie sie von den Christen genannt wurden, die „Gesetzlosen". Die Getreuen Robin Hoods waren solch „gesetzlose" Briganden – und handelten unter der Schirmherrschaft von Brigid.

Die keltische Brigid zeigt die tiefe Verbundenheit mit der Schöpfung, sie steht für Fürsorge und die Bewahrung der Schöpfung, ihr geht es um den Einklang mit der Natur und dem Einssein mit allen Elementen. Die christliche Brigida zeigt uns die Hinwendung zum Nächsten, die Liebe und die Hilfsbereitschaft. Beide verkörpern die besten göttlichen Aspekte. In den überlieferten Legenden und Geschichten lassen sich die beiden kaum mehr voneinander trennen.

Später wurde ihre Biografie mit der christlichen Heiligen Brigida (Brigitta) von Kildare (*451, †523) verwoben. Die keltische Muttergöttin lebt als christliche Heilige weiter und ist noch heute, neben St. Patrick, die Nationalheilige Irlands. Nach christlicher Überlieferung hat sie das Kloster Kildare (das bedeutet Eichenkirche) gegründet und dort bis zu ihrem Tod am 1. Februar 523 gelebt. Mit diesem Datum übernahm die neue Kirche auch den alten keltischen Feiertag der Brigid, an dem seit ewigen Zeiten der allererste Frühlingsbeginn gefeiert wurde. Heute lebt in Kildare wieder eine Frauengemeinschaft namens „Brigidine Sisters", seit 1993 brennt das ewige Feuer wieder, das dort fast 1000 Jahre gehütet wurde.

Im Christentum ist es der Zeitpunkt von Mariä Reinigung, der Darstellung des Herrn im Tempel. Nach jüdischer Tradition war 40 Tage nach der Geburt eines Sohnes eine Opfergabe im Tempel vorgesehen, für Mädchen war dieser Ritus 80 Tage nach der Geburt

notwendig. Dies bedeutete auch die kultische und rituelle Reinigung der Wöchnerin! Maria Lichtmess wird 40 Tage nach Weihnachten, am 2. Februar gefeiert, beim Gottesdienst werden die Altarkerzen für das ganze Kirchenjahr gesegnet, ebenso die Kerzen, insbesondere schwarze Wetterkerzen, die von den Kirchenbesuchern mitgebracht werden. Also auch hier spielen das neue Licht und die Feuerkraft eine wesentliche Rolle.

Mit Imbolc kehren die Elementarwesen und Fruchtbarkeitsgeister aus der Erde zurück, allen voran der Bär! Der Dickpelz, noch recht steif und schlaftrunken, steckt an diesem Tag angeblich zum ersten Mal seine Nase aus der Höhle, um zu sehen, wie weit der Frühling schon gediehen ist.

Der Bär ist kein anderer als der wiedergeborene, noch verhüllte, jugendliche Sonnengott. (Vgl. das Märchen von Schneeweißchen und Rosenrot[1]!) Noch ist er wild und berserkerhaft. Ist es zu Lichtmess schön und warm, muss der Bär noch sechs Wochen in seiner Höhle bleiben, heißt es vielerorts. Sieht der Bär am Lichtmesstag seinen Schatten, muss er noch 40 Tage in die Höhle, so lautet die Regel in England und Frankreich.

Sechs Wochen oder vierzig Tage dauert es bis zur Frühjahrstagundnachtgleiche.

Die gleiche Geschichte wird in Pennsylvania am Groundhog Day, am 2. Februar als „Murmeltiertag" begangen. Zum ersten Mal im Jahr werden sie aus ihrem Bau gelockt. Wenn das Tier „seinen Schatten sieht", das heißt, wenn die Sonne scheint, soll der Winter noch weitere sechs Wochen dauern.

Zum Frühlingsbeginn hat der Petz seinen Winterschlaf endgültig abgeschüttelt und der Bann des Winters ist gebrochen. Zu diesem Zeitpunkt begegnet er uns im Bärlauch wieder und schenkt uns Menschen wieder Bärenkräfte.

Der Bär, der die Fruchtbarkeit bringt, und die Bienen, aus deren Waben goldgelbe Kerzen gemacht werden, sind die Lieblingstiere der weißen Brigid. Als Gegensätze gehören sie auch zusammen: der massige, geile, faule Petz und die winzigen, keuschen, fleißigen Bienen.

Wir genießen den Trank der Götter im vergorenen Honigwein, dem Met!

[1] Gebrüder Grimm, Schneeweißchen und Rosenrot

Persönliche Themen

Für uns persönlich stehen die Reinigung des Körpers und des Geistes im Zentrum. Dafür gibt es zahlreiche Möglichkeiten wie Fasten, Sauna, Schwitzhütte, Meditation, Ernährungsumstellung, u.v.m. Nachdem zur Wintersonnenwende der Lichtfunke geboren wurde, wächst er zum inspirierenden Feuer heran.

Was steht in diesem Jahr an? Welche Projekte sollen verwirklicht werden? Welches Thema soll sich klären? Was trage ich, wie die Blumenzwiebeln in der Erde, schwanger und soll im Laufe des Jahres zur Welt kommen? Im Zentrum steht die Klärung von persönlichen Entscheidungen, die Visionssuche der eigenen Bestimmung und Lebensaufgabe.

Traditionen und Brauchtum

Das Neuentfachen des jungen Lichtes und die Lichtweihe am Lichtmesstag sind in ganz Europa noch im Brauchtum verankert.

Die katholische Kirche hat daraus in der Kirche die Kerzenweihe gemacht als kleines Überbleibsel des geweihten jungfräulichen Lichtes. Besonders Wetterkerzen werden geweiht, welche dann bei Gewitter entzündet werden. Dazu passt dann natürlich auch der neue Name „Maria Lichtmess".

In der Steiermark z.B. trägt man dann das geweihte Lichtmessfeuer von Haus zu Haus und entzündet noch die Herdfeuer damit oder eine Kerze am Hausaltar.

Es ist Brauch, die brennenden Kerzen durch das ganze Haus und die Ställe zu tragen, um den Segen überall weiterzugeben.

In Irland werden aus Binsenkraut Brigids Wheels, (auf Deutsch: Räder, Kreuze) gebunden. Wir binden sie aus Strohhalmen. Brigid Wheels werden als Schutzsymbol über der Eingangstür aufgehängt. Es gibt sie meist mit vier Armen, aber auch dreiarmige Wheels werden

gebunden. Die Vier steht für die vier Elemente, die vier Himmelsrichtungen, die vier Jahreszeiten. Die Drei ist bei den Kelten eine besonders wichtige Zahl, man kennt die dreifache Göttin, drei Tageszeiten etc. Fürs Imbolc-Buffet backe ich Brigid Wheels aus Blätterteig mit Nussfülle.

Die Obstbäume werden wach geschüttelt und wach geklopft, mancherorts passiert dies schon zum Hochneujahr am 6. Jänner.

Vor etwa 100 Jahren war in der bäuerlichen Bevölkerung das Arbeitsjahr für die Mägde und Knechte zu Ende. Jetzt wurde der karge Lohn ausbezahlt, dann konnte zu einer neuen Dienststelle gewechselt werden.

Ritualimpulse

Das Imbolc-Ritual bei SPIRIT & VISION

Imbolc feiern wir gerne in der warmen Stube. Wir binden Brigid Wheels und segnen unsere Kerzen. Wenn es das Wetter erlaubt, machen wir mit unserer Ritualrunde einen Spaziergang, um nach den ersten Schneeglöckchen Ausschau zu halten, wir besuchen eine Birke, den Frühlingsbaum, in der Nähe, räuchern duftende Kräuter, singen ein Lied und zünden Sternspritzer an, um uns von der sprühenden Feuerkraft inspirieren zu lassen.

Der Altar und der Esstisch sind in Weiß und Silber gehalten, Kristalle und erste Frühlingsblüher zieren Altar und Tisch. Ich lade unsere Ritualgruppe immer ein, sich ebenso in Weiß oder hellen Farben zu kleiden.

Schneeglöckchen, Primeln, vorgetriebene Hyazinthen und Tulpen schmücken den Raum. Dazu ein geschmiedetes Hufeisen als Erinnerung an Brigids Unterstützung beim Schmieden. Silberfarbene Sichelmonde, Brigid Wheels aus Stroh, die dreifache Göttin.

In die Räuchermischung kommen winterliche Nadelbäume wie Fichte, Föhre, Zirbe, das duftende Copal-Harz sowie Sommerkräuter wie Johanniskraut, Königskerze und Schafgarbe.

Der Imbolc-Esstisch ist immer mit vielen Köstlichkeiten gedeckt und lädt zur Gemeinschaft.

Zu Imbolc sind alle Reinigungsrituale besonders wirksam, nimm ein entspannendes Bad, geh in die Sauna, in die Schwitzhütte oder in den Hamam, um besonders tief gereinigt zu werden. Jetzt sind einige Tage fasten und entschlacken besonders sinnvoll und bereiten uns auch körperlich auf das reinigende Fest vor.

Jede Teilnehmerin kann sich von einem alten Kleidungsstück trennen und bewusst ein neues Teil anziehen. Beim Verlassen des Ritualraumes wird jede Teilnehmerin mit reinigendem Räucherwerk wie Salbei oder Beifuß abgeräuchert. Nach dem Umziehen wird sie mit lieblichem Räucherwerk wie Sweetgrass willkommen geheißen. Altes ablegen und loslassen und mit Kraft und Unterstützung in einen neuen Lebensabschnitt gehen, genau das bedeutet dieses Jahreskreisfest. Die Altkleider werden gesammelt und kommen in den Kleidercontainer. Diese Jahreszeit ist wie keine andere geeignet, die Kästen und Laden voller angesammelter Dinge und Kleidung zu entrümpeln!

Wenn du einen Fluss oder See in der Nähe hast, kannst du z.B. Lichterschiffchen aufs Wasser setzen. Kleine Brettchen mit Teelichtern ohne Aluschale, die den Fluss hinunterfahren und das Licht durch die Nacht tragen.

Wir weihen eine Jahreskerze oder acht verschiedenfärbige Kerzen für die Jahreskreisfeste. Besonders schön sind Erdkerzen, sie symbolisieren mit der zarten Kerzenflamme, dass die Wärme zurückkehrt und langsam die Erde erwärmt. Ein Teelicht in der Mitte. Für größere Ritualgruppen nehme ich eine große Tonschüssel mit Erde und die dünnen orthodoxen Kerzen aus echtem Bienenwachs. Die Erdkerzen können mit Zweigen, Zäpfchen, Kristallen dekoriert werden.

Wir binden Brigid Wheels aus Stroh oder basteln eine Brigid Puppe. Sie sind Schutzsymbole für das Heim. Zwischen Samhain und Jul wird die Brigid Puppe in die Natur gebracht, um den Tieren als Nahrung zu dienen.

Wir reisen zu den Visionen dieses Jahres, als schamanische Reise oder angeleitete Fantasiereise, wir fokussieren diese Visionen und bitten Brigid um Unterstützung bei der Umsetzung.

Kulinarisches zum Fest

Imbolc ist auch kulinarisch ein weißes Fest, im Zentrum stehen Zubereitungen aus Schafmilch und -topfen, Keimlingen und erstem Grün. Dazu Eingemachtes aus dem Keller und Fettgebackenes wie Krapfen oder die Brigid Wheels.

Irisches Kartoffelbrot

500 g mehlige Kartoffeln kochen und durch die Kartoffelpresse drücken, mit
6 EL geschmolzener Butter,
Salz und
120 g Mehl
verkneten.

Nach persönlichem Geschmack kann noch Kümmel und Muskatnuss dazugegeben werden.

Einen Teigfladen ausrollen, eventuell in 6–8 Stücke vorschneiden.

Bei 230 °C ca. 20 Minuten backen, eventuell nach der Hälfte der Zeit wenden.

Kräuterbutter

Weiche irische Butter oder auch Kräuterbutter mit junger Vogelmiere und Gundelrebe wird in Pralinenformen gedrückt, besonders schön sind sie in der traditionellen Triskelenform.

Kräutertopfen

Aus Brimsen (= Schaftopfen) und ersten Wildkräutern entsteht ein köstlicher Kräutertopfen oder Liptauer.

Schafkäse in allen Variationen als Schafkäsegupferl, geräucherter Schafkäse oder Frischkäsebällchen und Feta, alles vom Schaf passt wunderbar zu Imbolc.

Brigid Wheels

Ich verwende fertigen Blätterteig, daraus werden Quadrate (8×8 cm oder 10×10 cm) geschnitten. Mittig wird ein Esslöffel Nussfülle platziert. Die Nussfülle mache ich mit gemahlenen, heimischen Nüssen wie Haselnüssen oder Walnüssen, Pflanzenmilch, Vanillepulver, Zimt, Agavensirup oder anderer Süße.

Die Quadrate werden an den vier Ecken ca. 3 cm Richtung Mitte eingeschnitten. Nimm das obere rechte Eck und lege es mittig auf die Nussfülle, dann das untere rechte Eck, so geht es reihum, bis diese „Räder" entstanden sind. Wenn man die Ecken etwas mit (Pflanzen-)Milch einpinselt, dann hält alles gut aufeinander.

Im Rohr nach Anleitung backen. Wer es süß mag, kann die ausgekühlten Wheels mit Zitronen/Zuckerglasur einpinseln.

Frühlingstagundnachtgleiche – Ostara

Frühlingstagundnachtgleiche – Ostara · 21. März

Das Leben ist zurückgekehrt

Wenn die Vögel schon vor Sonnenaufgang ihr Konzert anstimmen,
wenn die Bäume ihr zartgrünes Frühlingskleid anziehen,
wenn Schneegestöber mit lauen Lüftern abwechseln,
wenn die ersten Bärlauchspitzen den Waldboden durchstoßen,
wenn Ostara übers Land schreitet
und unter ihren Schritten neues Grün und zarte Blümchen wachsen,
dann feiern wir den Frühlingsbeginn – Ostara!

Zeitqualität:

Das Frühlingsritual ist ein Fest der erwachenden Erde. Obwohl äußerlich erst einige Triebspitzen der Pflanzen sichtbar sind, ist die erwachende Lebendigkeit der Erde unübersehbar. Wir feiern die wiederkehrende Fruchtbarkeit der Äcker und Felder, welche auch die Tiere und uns Menschen zu neuem Leben erweckt. Licht und Dunkelheit halten sich die Waage, Tag und Nacht sind gleich lang. Es riecht nach Aufbruch und Neubeginn.

Themen

Unsere Visionen werden nun gesät, dürfen keimen, wachsen und sichtbar werden.

Ritualimpulse

Samen sähen, Eier färben (Eier sind Fruchtbarkeitssymbole), Gebildebrote (z.B. Osterlamm) backen

Speisen

Eier, grüne Neune Kräutersuppe, Briochehäschen

Farben

Gelb, Grün oder Pastellfarben

Deko

Frühblüher, gefärbte Eier, Hase

Die Natur im Jahreskreis

Der Frühling ist für viele Menschen die inspirierendste Jahreszeit im Jahr! Wie freuen wir uns über die ersten wärmenden Sonnenstrahlen, das Tauwetter und die ersten Spitzen im Garten und auf der Wiese! Die Bäume gehen in Saft und alles Wachstum drängt nach dem Licht. Kräuterfrauen können wieder aus dem Vollen schöpfen: Gänseblümchen, Scharbockskraut, zarte Brennnesseltriebe, Gundelrebe, Vogelmiere und der

vielseitige Bärlauch bereichern unseren Speiseplan und vertreiben den Winter auch aus unserem Organismus!

Zum Frühlingsbeginn sind Tag und Nacht gleich lang, wie auch 6 Monate später zum Herbstbeginn. Ab nun werden die Tage bis zur Sommersonnenwende wieder länger und die Nächte entsprechend kürzer.

Das Frühlingsfest feiert das Aufwachen der Erde. Auch wenn die Natur, bis auf wenige junge Triebe, noch schläft, ist das lebendige Erwachen der Erde deutlich sichtbar. Im Frühlingsritual wird die alljährlich wiederkehrende Fruchtbarkeit gefeiert, die Äcker und Felder, Tiere und uns Menschen zu neuem Leben erweckt.

Ursprung und Mythologie

Zum Frühlingsbeginn werden Frühlings- und Vegetationsgottheiten verehrt. Sie kehren aus dem Winterschlaf zurück und bringen neues Leben auf die Erde. In vielen Kulturen und Religionen spielt die jungfräuliche Göttin der Jagd eine tragende Rolle. Sie ist eine Göttin der Wildnis und der Unabhängigkeit, eine Amazone. Die Griechen nennen sie Artemis, bei den Römern heißt sie Diana.

Die Göttin Ostara wird den Germanen zugeschrieben, obwohl das historisch nicht belegt ist. Sie ist die Göttin der Morgenröte, ihre Begleittiere sind der Hase und der Marienkäfer. Beide sind Symbole für Fruchtbarkeit und Glück! Dort wo Ostaras Füße die Erde berühren, wachsen und gedeihen bunte Blumen und neues Grün.

In der keltischen Tradition hat mit Imbolc, Anfang Februar, die jungfräuliche Göttin Brigid Einzug gehalten.

Den männlichen göttlichen Aspekt verkörpert der „Grüne Mann", auch „Jack in the Green" genannt. Götter, die Fruchtbarkeit und neues Leben gemeinsam mit der Göttin übers Land bringen.

Das Ei wird als Weltenei in vielen Mythen und Schöpfungserzählungen erwähnt. Es symbolisiert in vielen indoeuropäischen Kulturen den absoluten Urzustand des Universums. Aus dem Ei entsteht bei Tieren und Menschen das neue Lebewesen!

Der Hase begegnet uns als Osterhase, weil er eines der fruchtbarsten Tiere ist. Während die Häsin einen Wurf zur Welt bringt, wartet schon ein weiterer Wurf in ihrer Gebärmutter, sie ist also doppelt trächtig.[1]

Nicht zufällig liegen das Fest zum Frühlingsbeginn und das christliche Osterfest oft nahe beisammen, wobei das Osterfest jährlich nach dem Mondkalender ein wechselndes Datum hat. Immer geht es um die Wiederkehr des Lebens und den Sieg über den (winterlichen) Tod.

Persönliche Themen

Die Visionen, die wir zu Lichtmess/Imbolc hatten, dürfen jetzt gesät werden, sie wollen verwirklicht und in die Welt gebracht werden. Unsere Visionen dürfen keimen und wachsen und sich ab jetzt auch im Außen zeigen. Nicht nur die keimenden Pflanzen werden im

[1] Diese besondere Spielart der Natur nennt man „Superfetation".

Frühling sichtbar – auch wir selbst werden sichtbar. Es ist die Zeit, in der wir zeigen dürfen, wer wir sind. Im Frühjahr entfaltet sich unsere Kreativität ganz besonders, verbunden mit Zielstrebigkeit setzen wir unsere Pläne, Ideen, Vorhaben um. Wie die Natur förmlich explodiert in ihrer Wachstumskraft, so steht auch uns diese große Energie zur Verfügung. Unterstützt werden wir dabei von den Kräften der Frühlingsgöttinnen. Sie bringen uns die Kraft für den Neubeginn und für unser weiteres Wachstum.

Traditionen und Brauchtum

Die paganen Frühlings- und die christlichen Osterbräuche sind aufs Engste miteinander verwoben und kaum auseinanderzuhalten.

Die „Feldweihe" ist als naturspirituelle Tradition bekannt, oft wird ein Kräutersträußchen und eine Kerze in den Boden gesteckt. Ich erinnere mich an die Tage meiner Kindheit: die Bauersleute bringen am Palmsonntag einen Teil des Palmbuschens auf ihre Felder, um für reiche Ernte zu bitten. So ist die Feldweihe auch ins Christentum eingezogen.

Frühlings- oder Osterfeuer werden in vielen Gegenden auf Hügeln und vor oder nach dem Auferstehungsgottesdienst vor den Kirchen entzündet. Das Feuer segnet und beschützt die Samen auf den Feldern sowie die Menschen, die dieses sehen können.

In Vorarlberg werden große Funken entzündet, riesige Türme werden kunstvoll aufgeschichtet mit der „Winterhexe" oben drauf, mächtig brennt das Feuer und vertreibt den Winter. In Norddeutschland wird das Biikebrennen praktiziert, ein Feuerritual am 21. Februar, um den Winter zu vertreiben.

Zu Frühlingsbeginn werden Sonnenräder aus Holz und Stroh entzündet und rollen als brennende Räder die Hügel hinunter, sie verkündigen den Sieg der Sonne über den Winter.

Gefärbte Eier, Osterhasen und Osterlämmer in allen Variationen bringen die Fruchtbarkeit des Frühlings zum Ausdruck. Bunte Ostersträuße, bestehend aus Palmkätzchen, Forsythien und Haselzweigen, werden mit ausgeblasenen Ostereiern verziert.

Besondere Heilkraft wird dem Holen von Wasser aus heiligen Quellen am Ostara- und Ostermorgen zugesprochen. Mit dem „Osterwasser" werden die Augen ausgewaschen, um den Winter endgültig abzuwaschen. In der katholischen Osternacht wird das Taufwasser geweiht, indem die phallische Osterkerze in das Wasserbecken getaucht wird. Das Taufbecken hat die Form einer großen Schale, eines weiblichen Schoßes. Welch ausdrucksstarke Symbolik für die Verbindung des weiblichen und männlichen Prinzips!

In der fränkischen Schweiz werden allerorts Dorfbrunnen festlich mit bunten Ostereiern, Palmkätzchen, Buchsbaum und bunten Bändern geschmückt. Mit dem Brauch wird vor allem die hohe Bedeutung von Wasser fürs Leben betont, gerade weil die Region in der Fränkischen Alp als sehr wasserarm gilt. Zugleich passt dieser Brauch auch zum bereits erwähnten „Osterwasser" und seiner Bedeutung.

Ritualimpulse

Das Ostara-Ritual bei SPIRIT & VISION

Wir machen alljährlich zum Frühlingsbeginn unsere erste Kräuterwanderung, wir besuchen einen lichten Laubwald, besondere Aufmerksamkeit schenken wir den Bäumen und Knospen sowie den jungen wilden Grünen! Dabei tragen wir einen Frühlingserweckungsstab mit uns mit, jede trägt ihn ein Stück und weckt damit den Frühling auf. Wir sammeln den ersten Bär-

lauch für die Grüne Suppe. An einer kleinen Lichtung erwecken wir den Frühling mit dem Frühlingserweckungsstab und dem Reim

Mutter Erde, wach auf,
der Frühling ist da,
bring Blumen und Grün
auch in diesem Jahr.

Beim gemeinsamen Ritual klopfen wir drei Mal auf die Erde, um sie aufzuwecken.

Der Stab geht reihum und immer mehr Menschen stimmen in diese Bitte mit ein!

Wir tanzen zu „My roots growing deep to the earth"[1] und heißen die Göttin des Frühlings und ihren Gefährten willkommen. Wir genießen das erste Butterbrot mit Bärlauch und die roten Ostaraeier!

Samen sähen

In einem persönlichen Ritual leg die Samen (ich nehme gerne Kapuzinerkresse, Trichterwinde, Ringelblumen, etc.) für die heurige Saison in fruchtbare Erde und sprich einen Segen darüber. Dies ist eine wundervolle Möglichkeit, die Frühlingskraft zu ehren!

Frühlingserweckungsstab

Wir binden einen Frühlingserweckungsstab: Ein bunter Stab wird mit Palmkätzchen, Haselnusszweigen, Buchs, usw. verziert, dazu kleine Vögel, ausgeblasene Eier. Der Frühlingserweckungsstab sieht aus wie ein großer Palmbuschen.

Eier färben

Als wesentliches Fruchtbarkeitssymbol hat sich das Ei durchgesetzt, viele Schöpfungsmythen ranken sich da-

[1] Antara, Gila, Helm, Amei. Healing Journey Heilreise. Lieder, Tänze, Bach-Blüten mit 2 Musik CDs. 5. Braunschweig, Labyrinth Verlag 2008

rum. Ich färbe sie mit roter Eierfarbe, in der Farbe des Blutes, des Lebenssaftes und bemale sie mit Goldstift mit alten Symbolen wie Triskellen, Spiralen, Doppelspiralen etc. Ebenso können Eier wunderschön mit Pflanzenfarben gefärbt werden, so ergibt Zwiebelschale ein schönes Braun, Heidelbeeren ein himmlisches Blau, rote Rüben ein feines Rosa. Um Eier mit Pflanzenfarben zu färben, wird ein kräftiger Sud vorbereitet, die Eier werden direkt im Pflanzensud gekocht.

Gebildbrote backen

Ein gebackenes Osterlamm oder ein Osterhase sind ein besonders symbolhaftes Gebildbrot. Das Lamm bezieht sich auf der einen Seite auf das Sternbild des Widders, in das wir zu Frühlingsbeginn eintreten, andererseits bildet es für christliche Menschen das Opferlamm ab, zu dem Jesus durch seinen Opfertod wurde. Gebackene Sonnenräder sind ebenso ein wunderschönes Gebildbrot zu Ostara.

Kulinarisches zum Fest

Zum Ostara-Ritual spielen die jungen, wilden, grünen Kräuter eine zentrale Rolle.

Neben den ersten Kräuteraufstrichen, Kräuterbutter, Wildkräuterpesto u.v.a. kommen die Frühlingskräuter in den Suppentopf, um uns mit neuer Kraft und Energie zu versorgen! Besonders wichtig sind auch Eiergerichte und gebackene Gebildbrote! Traditionelles Eierpecken erfreut Jung und Alt!

Vielerorts findet zum christlichen Osterfest eine Speisenweihe statt, die in manchen Gegenden fast wichtiger ist als der Auferstehungsgottesdienst. Im Weihekorb sind Osterschinken, oft Salz und Kren, Schnittlauch, manchmal auch Käse, Butter und Wein, Honig, Würste, usw. und jedenfalls Weichbrot (= Weihbrot): Neben Brot gibt es Kuchen oder Ostergebäck in verschiedenen kunstvollen Gebilden, vor allem aus Hefeteig (Bild- oder Gebildbrote – Hase, Hahn, Lamm, Räder, Sonnen, Flecken, Fladen, oft mit Mustern und Kerben, z. B. in Kreuzform, Beugel, Brezen, Striezel usw., manchmal ist ein Osterei eingebacken).

Grüne Suppe

Bei uns gibt es die Grüne Suppe das ganze Frühjahr über, aber besonders natürlich vom Frühlingsbeginn bis zum Osterfest.

Ach-du-grüne-Neune-Suppe/Gründonnerstagssuppe
Eine kleingehackte Zwiebel in Fett andünsten, eventuell mit ein wenig Mehl stauben und mit Gemüsebrühe aufgießen. Die fein gewiegten Kräuter, wie oben angeführt, dazugeben, eine mehlige Kartoffel hinein raspeln, kurz köcheln lassen, pürieren oder stücklig lassen, eventuell mit Obers verfeinern, salzen und pfeffern. Ein Sahnehäubchen und ein gehacktes gekochtes Ei obenauf!

Traditionell wird eine Grüne Suppe aus den ersten Frühlingskräutern (Bärlauch, Gänseblümchen, Gundelrebe, Brennnessel, Scharbockskraut, Schafgarbe, Löwenzahn usw.), neun an der Zahl, von unseren germanischen Vorfahren zu Frühlingsbeginn in der Gemeinschaft verspeist, um sich mit der Grünkraft rituell, aber auch tatsächlich zu verbinden.

Die Zahl Neun bezieht sich auf die neun Monate des Wachstums nach den drei kargen Wintermonaten der Ruhe. In christianisierter Form ist sie uns zum Gründonnerstag erhalten geblieben, zumindest als grüner Spinat.

Bärlauch- oder Kräuterweckerl

Zutaten

500 g	Dinkelmehl
100 g	Bärlauch oder gemischte Frühlingskräuter, geschnitten
1 Pkg.	Germ/Hefe
2 EL	Kräutersalz
1 EL	Pfeffer, gemahlen
2 EL	Olivenöl
125 ml	lauwarmes Wasser
2	TL Zucker

Zubereitung

Germteig zubereiten, zweimal gehen lassen, Weckerl formen, wieder gehen lassen, anfangs sehr heiß backen (5 Min. bei 220 °C, dann 15–20 Min. bei 180 °C).

Gebackenes Osterlamm

Wir lieben dieses Rezept mit Marzipan, es ist besonders saftig und geschmackvoll!

Zutaten

100 g	Marzipanrohmasse
2	Eier
75 g	weiche Butter
50 g	Zucker oder Zuckeralternativen
1 Pkg.	Vanillezucker
1 Prise	Salz
10 Tr.	Bittermandelöl
80 g	Dinkel-Kuchenmehl
20 g	Speisestärke, z.B. Maizena
1	gestrichener TL Backpulver

Zubereitung

Marzipanrohmasse und Eier gut verrühren. Fett, Zucker, Vanillezucker, Salz und Bittermandelaroma unterrühren und so lange weiterrühren, bis sich eine feine Masse gebildet hat. Mehl, Speisestärke und Backpulver mischen. Unter die vorbereitete Masse rühren.

Die Osterlammform mit flüssiger Butter einpinseln und mit Mehl ausstreuen. Den Teig einfüllen. Im vorgeheizten Backrohr auf der unteren Schiene bei 175 °C Umluft ca. 40–45 Minuten backen. Eventuell gegen Ende abdecken, damit der Kuchen nicht zu dunkel wird. Aus der Form lösen und auf Kuchengitter abkühlen lassen.

Das Osterlamm wird mit einem roten Band mit Glöckchen und einem Buchsbaumzweig dekoriert!

Beltane – Walpurgisnacht – Maifest

Beltane – Walpurgisnacht – Maifest · 30. April / 1. Mai

Das Bauch- und Busenfest der Mutter Erde!

Zeitqualität
Im Mai explodiert die Lebenskraft um uns herum förmlich. Von den intensiven Düften, den leuchtenden Farben und dem Genuss junger Pflanzen werden alle Sinne angesprochen – Zeit also, um in die süße Welt der Sinne einzutauchen! Das Leben in seiner ganzen Kraft und Lebendigkeit wird gefeiert. Die Kraft der Erde und der Sonne verbinden sich.

Themen
Wie spüre ich die Lust am Leben, wo fühle ich meine Lebendigkeit? Was möchte in meinem Leben gefeiert werden? Wie drückt sich meine Sinnlichkeit als Frau oder Mann aus?

Ritualimpulse
Maibaum aufstellen, Schmücken von Birken mit bunten Bändern, Birkenkranz im Haar

Speisen
Waldmeisterbowle, Erdbeeren, Rhabarber- und Spargelgerichte

Farben
Grün, bunt

Deko
Bunte Stoffe und Bänder, blühende Zweige, Birken- oder Weißdornzweige

Die Natur im Jahreskreis

Die Walpurgisnacht, keltisch: Beltane, markiert den Beginn der warmen Jahreszeit. Das Winterhalbjahr ist endgültig, bis auf die Eisheiligen als letzte Ausläufer, vorbei, das Sommerhalbjahr beginnt! Für Generationen vor uns hat das bedeutet: Nun wächst und gedeiht wieder alles, was wir zum Leben brauchen, die schwierige Winterzeit ist vorbei!

Die Pflanzen streben nach oben, dem wachsenden Licht entgegen. Alles ist saftig grün geworden und die Blütenfarben werden immer vielfältiger. Pünktlich zur Walpurgisnacht öffnet der Wurmfarn seine Wedel, die

giftigen, aber feenhaften Maiglöckchen erblühen, der duftende Waldmeister und der Herzensöffner Weißdorn sind schon von Weitem zu riechen. Die Wildkräuter stehen uns in großer Fülle und Vielzahl zur Verfügung.

So wie Samhain – Halloween ein Fest des Todes und der Ahnen ist, so ist Beltane ein Fest des Lebens, der Fruchtbarkeit, der Vereinigung, der Zeugung, der Feen- und Elfenwesen. Die Sonne hat endgültig über den Winter gesiegt!

Ursprung und Mythologie

Die jungfräuliche Göttin wandelt sich zur roten Liebesgöttin, ihre Namen sind Venus, Holda oder Walburg, ihr männlicher Gefährte ist der Grüne Mann, der Pfingstbutz oder der christianisierte Heilige Georg.

Beltane heißt übersetzt „strahlendes Feuer", „leuchtende Sonne"! Darum steht das Feuer, und sei es noch so klein, im Zentrum dieses Jahreskreisfestes!

Walpurgis kann mit „großer Mutterleib" übersetzt werden, die Silbe „wal" bedeutet „groß", z.B. ist der Walfisch ein großes Tier, die Walhalla eine große Halle und der Wald ist ein großer Lebensraum für viele Bäume. Die zweite Silbe „purga, Purga, Purgis" bedeutet Burg, aber auch Mutterleib. Übersetzt bedeutet Walpurgis also der große Mutterleib, die schwangere Frau. Wenn wir uns in der Natur umsehen, dann sehen wir überall diese „Schwangerschaft" – bei den Tieren wie bei den Pflanzen, die Leibesfrucht ist deutlich sichtbar, die Geburt steht kurz bevor! So könnten wir die Walpurgisnacht als „Bauch- und Busenfest" der Mutter Erde bezeichnen.

Lange Zeit wurde die Walpurgisnacht mit meiner Namenspatronin, der Heiligen Walpurga, in Verbindung gebracht, weil diese am 25. 2. und am 1. 5. ihren Gedenktag hat, einmal Sterbedatum, einmal Tag der Heiligsprechung. Walpurga (*710, †779) wirkte in Deutschland als Missionarin, sie ist die Tochter von König Richard von England, ihre Brüder Willibald und Wunibald sind als angelsächsische Missionare bekannt. 748 wurde sie von Bonifatius (dieser ließ die berühmte, für die Heiden heilige Donareiche fällen) ins jetzige Deutschland gerufen und lebte als Nonne in Tauberbischofsheim. Sie wurde Äbtissin eines Doppelklosters

in Heidenheim (sic!), welches ihre Brüder gründeten, Walpurgas Reliquien sind heute in Eichstätt/Bayern beigesetzt.

Die Walpurgisnacht ist auch als Hexennacht bekannt. Die Nacht, in der die Hexen mit Unterstützung halluzinogener Pflanzen auf ihren Besen auf den Blocksberg ritten, um sich, laut christlicher Interpretation, mit dem Teufel sexuell zu verbinden. Die Fruchtbarkeits- und Liebesgötter der alten Religionen waren immer mit Hörnern oder Geweihen ausgestattet. Man denke an den Gott Pan oder den Hirschgott Cernunnos. Aus dem gehörnten Gott wurde im Christentum der gehörnte Teufel. Dass die unter Folter gemachten Geständnisse der Frauen während der Inquisition zur grausamen Hexenverfolgung führten, ist Teil unserer Geschichte. Wissende Frauen und auch Männer wurden aufs Furchtbarste gefoltert und hingerichtet. Damit starb jede Menge Altes Wissen um Kräuter, Magie und Heilkunde. In diesem Sinne ist die Walpurgisnacht auch als Gedenknacht für jene Hexen vor uns zu verstehen!

Das Wort „Hexe" ist althochdeutsch und kommt von „hagazussa" und bedeutet Zaunreiterin. Der Hag ist der natürliche Zaun eines Dorfes, er besteht aus stacheligen Büschen wie der Hagebutte, dem Hagedorn (Weißdorn) und dem Schwarzdorn. Der Hag ist die natürliche Grenze zur Wildnis. Eine Hexe steht immer in Kontakt mit der zivilisierten Welt und der pflanzlichen und tierischen Wildnis hinter der Grenze.

Persönliche Themen

In der Walpurgisnacht geht es um unser inneres Feuer, was will förmlich explodieren und in die Welt kommen?

Kann ich meine Lebenslust spüren und meine Sinnlichkeit leben?

Wie kommt wieder Lebendigkeit in mein Leben? Esprit, Genuss und Hingabe im allumfassenden Sinn!

Wer ist der männliche Gefährte in meinem Leben?

Wer ist die Göttin an meiner Seite?

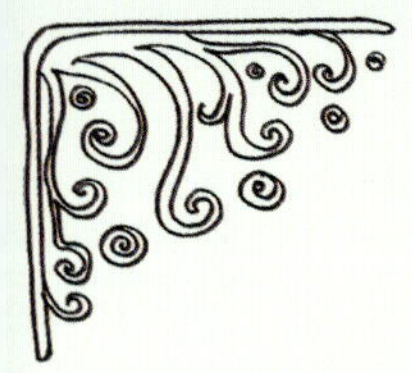

Traditionen und Brauchtum

Der Maibaum findet sich noch auf jedem Dorfplatz, selbst bei uns in der Stadt. Er wird von den jungen Burschen aufgestellt. Kaum jemand kümmert sich um die alte Symbolik dahinter, dabei ist sie so spannend. Der geschälte Fichtenstamm mit der erhaltenen Triebspitze als Bäumchen wird mit drei Kränzen und Reisig-Spiralen geschmückt und in die Mutter Erde gerammt. Beim Maibaumkraxln stellen junge Männer ihre Potenz unter Beweis und werben um die jungen Frauen. Der Baum als phallisches Symbol, die drei Kränze und die Spirale als Symbol für das Weibliche, die Erde als Schoß, die den Baumstamm aufnimmt, was muss man dazu noch erklären.

Mancherorts wird im Bandltanz rund um den Maibaum, die weibliche und männliche Energie mit roten und weißen Bändern miteinander verwoben.

Der Maibaum – schlichtweg ein Abbild des Koitus, der Götterhochzeit, wie sie in der Natur stattfindet! Kein Wunder, dass sowohl Männer als auch Frauen im Mai besonders empfänglich für die Liebe und die Leidenschaft sind!

In anderen Gegenden Europas ist die frühlingshafte luftige Birke der Maibaum. Am 1. Mai holten die Dorfbewohner eine große Birke aus dem Wald und schmückten sie mit bunten Bändern, Brezeln, Eiern usw. – manchmal wurde sie mit Frauenkleidern behängt und so zur leibhaftigen Frühlingsgöttin gemacht. Ein Schlag mit einer frischen Birkenrute gilt als Fruchtbarkeitssegen und schützt vor Krankheiten. Noch heute gehören zum finnischen Saunagang die belebenden Schläge mit

der Birkenrute. Der Krampus in den Alpentälern trägt seine Rute aus dem gleichen Grund mit sich!

Die Walpurgisnacht war die Nacht der Urmutter, der Mutter Erde, mit ihr feierte die ganze Erde das Wiedererwachen der Natur, die Heilige Hochzeit von Himmel und Erde. Die männlichen Begleiter der Göttin sind der grüne Mann, der Pfingstbutz, der grüne Georg, der zum Heiligen Georg wurde (23. April), sie symbolisieren den männlichen Vegetationsgott. Heute ist St. Georg noch der Patron der Pferde, die Birkenzweige wurden christianisiert und schmücken zum Fronleichnamsfest die Eingänge der Kirche, die Gläubigen nehmen einen Zweig mit nach Hause, um ihn in den Herrgottswinkel zu hängen.

Ein weiterer wichtiger Aspekt in den Mythen um die Walpurgisnacht, um Beltane, ist die Heilige Hochzeit, im Fachjargon: Hieros gamos. Beltane ist das Vermählungsfest von Vater Himmel und Mutter Erde. Die Vermählung von Göttin/Königin, Repräsentatin der Göttin und ihres Geliebten (Gottes). Wir dürfen es dem Götterpaar gleichmachen und an diesem Tag unsere Lust und Sinnlichkeit besonders leben und pflegen, diese Nacht war immer schon eine „Freinacht", in der moralische Bindungen keine Bedeutung hatten, sondern einfach der Lust gefolgt werden durfte!

Aus der Freinacht folgte die Umkehrung, indem der Monat Mai zum Hochzeitsmonat wurde und somit die Freiheit in die Verbindlichkeit der Ehe mündete. Vielerorts werden eine Maienkönigin und ein Maienkönig gewählt und gekrönt, als Abbild des alten Götterpaares. Der Maitanz wird vielerorts noch gepflegt. Viele Maienbräuche haben Eingang ins Kirchenjahr gefunden: Flurumgänge und Bittprozessionen zu den Eisheiligen sowie Maiandachten, in denen Maria die Rolle der Göttin übernommen hat!

Kränze aus Weißdornblüten krönen die Göttin zum Beltanefest wegen ihres aphrodisischen Geruchs. Weißdorn gilt als Torwächter des Herzens, er vermag verwundete Herzen wieder zu öffnen, Herzensenttäuschungen zu heilen und dem Herzen Schutz zu gewähren. Auch medizinisch ist der Weißdorn schon lange als herzstärkendes Mittel in Verwendung. Darum trag einen Weißdornzweig am Herzen. Am Maitag bindet man Glücksschleifen in die Zweige mit einem guten Wunsch, auf dessen Erfüllung man hofft!

Der 1. Mai war immer der Liebesgöttin Venus geweiht, inzwischen ist er zum Tag der Arbeit und sozialdemokratischer Kundgebungen geworden. Wie sinnbildlich für unsere Zeit: Statt die Liebe zu feiern, begehen wir den Tag der Arbeit!

Ritualimpulse

Die Walpurgisnacht bei SPIRIT & VISION

Zur Walpurgisnacht treffen wir einander auf einer grünenden Waldlichtung, wir laden ein, grüne Kleidung zu tragen, alle Teilnehmerinnen tragen einen Kranz aus Birkenzweigen im Haar und ein Weißdornzweiglein wird am Herzen angesteckt.

Zum Ankommen trinken wir von der köstlichen Waldmeisterbowle, diese Maibowle ist ein fixer Bestandteil jeder Walpurgisnacht.

Da wir keine Möglichkeit für ein großes Feuer haben, markieren Fackeln ein Pentagramm, in der Mitte brennt die Feuerschale mit Feuergel.

Rituelle Begrüßung

Wir grüßen dich, grünende Kraft an diesem Abend der Walpurgisnacht. Du entfaltest dich ringsum in sinnlichen Düften, bunten Blüten und Grün aller Schattierungen. Der Frühsommer zieht mit Macht ins Land, der Wintergeist verabschiedet sich endgültig.

Du, Göttin des Wonnemonats Mai, der Lebensfreude, der jungen vitalen und erotischen Kraft, wir heißen dich willkommen in diesem Kreis von Frauen und Männern.

Du, Gott der Fruchtbarkeit, der erneuernden Grünkraft und der Lebenslust, wir heißen dich willkommen in diesem Kreis von Frauen und Männern.

Eure Heilige Hochzeit, die Vermählung von Gott und Göttin, von Himmel und Erde feiern wir heute.

Berauscht unsere Sinne und lasst uns hinausfliegen in das Geheimnis dieser Nacht, der Hexen, Zaunreiter und ihrer Gefährten.

Wir tragen bunte Bänder ums Handgelenk und entfalten unsere vitalen Kräfte mit verschiedenen Tänzen ums Feuer.

Eine kleine Auswahl an passenden Tänzen:

- Die Specknerin[1]
- Hexentanz[2], ein wilder kraftvoller Tanz, wo auch mal die Krallen gezeigt werden dürfen.
- Die schmatzende Göttin[3], dabei bilden die Frauen den Innenkreis und die Männer einen Außenkreis, sie unterstützen diesen kraftvollen Tanz mit Rasseln.

[1] Traditioneller Tanz, Quelle nicht bekannt
[2] Voigt, Ziriah: Ritual und Tanz im Jahreskreis. 2. Bonn: Verlag Gisela Meussling (1998) + CD
[3] ebenda

- Hexenkraftlied[4]: Alle tanzen mit geschlossener Händehaltung im Uhrzeigersinn im Kreis um die feurige Mitte, rezitieren den Text und werden immer schneller, immer lauter, bis die Energie spürbar wird!

Hexen tanzen um das Feuer
Hexen haben Macht
Hexen rufen ihre Geister
Spüren ihre Kraft!

Baumverehrung mit Bändern

Jede sucht sich einen persönlichen „Maibaum", der sie besonders anspricht! Umarme den Baum, setz dich darunter, frage ihn zu deinem wichtigsten Thema, wie er dich unterstützen kann. Als Dank lass bunte Bänder in seinen Ästen, achte dabei bitte auf Naturmaterial!

Maibaum aufstellen

Auf jedem Dorfplatz wird ein Maibaum aufgestellt, man kann sich den Feierlichkeiten anschließen oder auch in der Nacht ein Tänzchen rundherum wagen. Vielleicht lässt sich ein kleiner Maibaum im Garten aufstellen. Die Symbolik von der Himmlischen Hochzeit, von der Verbindung von männlich und weiblich lässt sich auch mit einem Miniatur-Maibaum darstellen. Dazu braucht man einen Topf mit Erde, einen dickeren, geraden Ast oder Stecken, einen Buchsbaumkranz und rote und weiße Bänder. Die Frauen bereiten die „Mutter" Erde und den grünen Kranz vor, die Männer den Stecken, beide gemeinsam umwickeln den Stecken mit den Bändern; Rot steht für Weiblichkeit, Weiß ist die Farbe der männlichen Kraft.

Gemeinsam wird der Stecken rituell in die Erde gesteckt und dann mit dem Kranz geschmückt!

[4] Zellinger Mike, Schamane Black Eagle, hat diesen Text in einer schamanischen Reise erhalten

Kulinarisches zum Fest

Zum Festessen für die Walpurgisnacht passt alles, was für Fruchtbarkeit steht oder auch aphrodisierend wirkt, auch Lebensmittel, welche die sexuelle Energie anregen oder durch ihre Form ausdrücken wie z.B. der Spargel, die Eier, Rhabarber, Feigen, Erdbeeren. Dazu kommt die große Auswahl an Wildkräutern, aus denen leckere Salate, Aufstriche, Quiche etc. zubereitet werden können.

Die Waldmeisterbowle, auch Maibowle genannt, gehört traditionell zur Walpurgisnacht, ich bereite immer eine alkoholische und alkoholfreie Variante vor.

Findet das Jahreskreisfest in freier Natur statt, werden alle eingeladen, etwas zum Buffet beizutragen. Das ergibt bei ein wenig Koordination eine wunderbare Fülle an Köstlichkeiten.

Spargel-Erdbeer-Salat

Zutaten

Grüner Spargel, geschält und in mundgerechte Stücke geschnitten, gekocht
Erdbeeren, in Scheiben geschnitten
Jungzwiebel, in Scheiben geschnitten
Rucola
Mozzarella, in Stücke geschnitten
Kräutersalz, Pfeffer,
Essig und Öl

Zubereitung

Die Zutaten mit etwas Essig und Öl abmischen, würzen und mit Gänseblümchen bestreuen.

Waldmeisterbowle / Maibowle

Waldmeisterbowle mit Alkohol

Ein Büschel Waldmeister, am besten vor der Blüte, einige Stunden antrocknen lassen, mit Bindfaden zusammenbinden. In einen großen Krug einen Liter Weißwein (Riesling oder eine andere fruchtige Sorte) gießen, das Waldmeisterbüschel hineinhängen, die Stielenden sollen mit dem Wein nicht in Berührung kommen. Eventuell kann etwas Zucker beigegeben werden, auch einige Erdbeerblätter, Pfefferminzblätter und Orangenstücke geben ein feines Aroma. Einige Stunden ziehen lassen, abseihen, mit Sekt oder Mineralwasser aufgießen und genießen!

Waldmeisterbowle ohne Alkohol

Das Büschel Waldmeister wird in Apfelsaft gehängt, eventuell Naturzitronen in Scheiben dazugeben, wie oben ziehen lassen, mit Mineralwasser aufgießen.

Rhabarber-Mandel-Tarte – mein liebstes Rhabarberkuchenrezept!

Zutaten

Für den Mürbteig für eine große Tarte-Form:

85 g	kalte Butter, gewürfelt
45 g	Rohrrohzucker
1 Prise	Salz
2	Eigelb
30 ml	Milch
160 g	Dinkel-Vollkornmehl

Zutaten für den Belag:

200 g	Rhabarber
2 EL	Agavendicksaft
3	Eier
85 g	Butter, weich, in Stücken
66 g	Rohrrohzucker
100 g	Mandeln, gemahlen
1 TL	Zitronenschale
20 g	Mandelblättchen

Zubereitung

Butter mit Zucker, Salz, Eigelb und Milch verkneten. Mehl zugeben und zu einem Mürbteig verarbeiten. Zugedeckt 1 Stunde im Kühlschrank ruhen lassen.

Rhabarber waschen, schälen, in Stücke schneiden. Mit Agavendicksaft verrühren. Für die Mandelmasse Eier trennen. Eiweiß steif schlagen, Butter, Zucker und Eigelb schaumig schlagen. Eiweiß, Mandeln und Zitronensaft unterheben.

Teig auf einer bemehlten Fläche rund ausrollen und auf Backpapier in eine Tarte-Form legen. Den Teig mehrmals einstechen. Rohr vorheizen und 10 Minuten bei 160 °C Umluft backen.

Mandelmasse auf den vorgebackenen Boden verteilen. Rhabarberstücke darauf verteilen und etwas eindrücken. Mandelblättchen darüber streuen. Bei 160 °C Umluft ca. 25 Minuten goldbraun backen.

Sommersonnenwende – Litha

Sommersonnenwende – Litha · 21. Juni

Am Höhepunkt angelangt!

Zeitqualität
Am Sonnwendtag wird der längste Tag des Jahres und die kürzeste Nacht, die sogenannte Mittsommernacht, gefeiert. Unser Dank gilt der Kraft der Sonne, die unser aller Leben erst ermöglicht. Wir danken für die Fülle der Jahreszeit, für alles, was wachsen konnte, in uns und um uns herum.

Themen
Welche Projekte willst du umsetzen? Welche Entscheidungen sind zu treffen und welche Wünsche sollen sich manifestieren?

Ritualimpulse
Sprung über das Sonnwendfeuer, Binden eines Beifuß-Gürtels für den Sprung über das Feuer, Johanniskrautöl ansetzen

Speisen
Gebäck in Sonnenform, bunte Sommersalate, rote Beeren, Hollerkiachl

Farben
Rot, Orange, Feuerfarben

Deko
Johanniskraut, Feuer, Stoffe in Gold und Gelb

Die Natur im Jahreskreis

Die Natur ist am Höhepunkt des Jahres angelangt, die Sonne hat ihren Höchststand erreicht, ab nun werden die Tage langsam wieder kürzer. Das Wachstum explodiert: Die roten Rosen leuchten mit den roten Früchten von Erdbeeren, Ribisel und Kirschen um die Wette. Das Getreide ist herangewachsen und wiegt sich grün im Sommerwind. Es ist die Zeit der höchsten Liebes- und Lebenskraft in der Welt. Was jetzt noch keine Früchte angesetzt hat, wird es auch nicht mehr tun. Die Linde mit ihren herzförmigen Blättern und ihrem lieblichen Duft ist der letzte Baum im Jahreskreis, der erblüht. Es breitet sich eine Fülle aus, die uns die Erde als Paradies erscheinen lässt.

Ursprung und Mythologie

Die rote Göttin der Liebe kennen wir als griechische Aphrodite oder römische Venus, in manchen Traditionen findet erst jetzt die Heilige Hochzeit mit ihrem Sohn-Geliebten statt. Der Jahreszeitenkönig hat den Höhepunkt seiner Kraft erreicht, er nimmt bis zu seinem Tod an Samhain, wie auch die Sonne auf der Himmelsbahn, zunehmend an Kraft ab. Der Gott ist unter dem Namen Baldur oder Belenos bekannt.

Wir kennen den Gott auch als Eichenkönig und Stechpalmenkönig. Der Eichenkönig repräsentiert das zunehmende Jahr, die erste Jahreshälfte des Lichtes. Der Stechpalmenkönig das abnehmende Jahr, die zweite Jahreshälfte der Dunkelheit. Beide stehen sich nun gegenüber und am Ende des langen Tages triumphiert der Stechpalmenkönig über den Eichenkönig.

Im Christentum wird am 24. Juni Johannes der Täufer gefeiert, genau sechs Monate vor der Geburt Christi. Wie es in der Bibel sinngemäß heißt: Er, Johannes, wird abnehmen, Jesus Christus aber zunehmen. So nehmen die Tage nach Johanni ab, während sie nach Jesu Geburt wieder zunehmen. Johannes gilt als prophetischer Wegbereiter für Jesus, den erwarteten Messias.

Persönliche Themen

Wie sich die Natur in ihre größte Ausdehnung entfaltet, so können auch wir unsere Kraft und Energie nach außen richten. Wir werden sichtbar und präsent. Entfalte

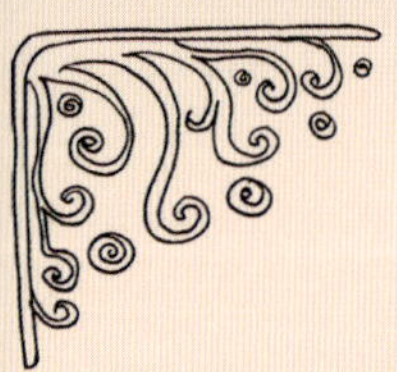

das, wovon du schon lange träumst. Dafür braucht es einen festen Willen und Tatkraft, keine Jahreszeit stellt dies besser zur Verfügung, als die Zeit der Sommersonnenwende! Sie schenkt uns das Feuer der Leidenschaft, um unsere Pläne und Projekte in die Tat umzusetzen. Zugleich dürfen wir uns nach unseren Mühen jetzt im Sommer und in der Urlaubszeit ausruhen, nun vollendet sich vieles von selbst.

Traditionen und Brauchtum

An vielen Orten und auf vielen Bergen werden Sonnwendfeuer entzündet. Sie zeigen die Kraft der Sonne auf der Erde. Ein traditionelles Sonnwendfeuer besteht aus neunerlei Holz. Oft werden allerlei Unrat und nicht mehr gebrauchtes Holz und Möbel am Sonnwendfeuer verbrannt; dass dies kein rituelles Feuer ist, liegt wohl auf der Hand. Ein rituelles Feuer wird mit Liebe und Achtsamkeit errichtet und auch so entzündet!

Mancherorts werden brennende Sonnenräder den Hang hinuntergerollt, sie symbolisieren den abnehmenden Sonnenlauf. Brennende Scheiben werden mit langen Stecken hinausgeschleudert, sie ziehen eine feurige Bahn am Himmel.

Paare springen gemeinsam übers Feuer, um ihre Liebe zu bekräftigen. Wenn der Sprung hoch ist, dann wächst auch das Getreide hoch. Zur Sommersonnenwende tragen wir (nur) einen Gürtel aus Beifuß, der großen magischen Schutzpflanze, das Haupt der Frau ist mit einem Blütenkranz gekrönt, der Mann trägt den Eichenlaubkranz. Der Beifuß-Gürtel wird am Ende dem Feuer übergeben und beschützt uns so vor Krankheiten.

Die Heilige Hochzeit zwischen der Liebesgöttin und ihrem Gefährten wird oft auch in dieser Nacht gefeiert. Dazu habe ich zur Walpurgisnacht mehr geschrieben!

Kräuterfrauen sammeln Sonnwendkräuter, oft in einer magischen Zahl wie 7, 9, 77 oder 99. Darunter sind das Johanniskraut, die Schafgarbe, Eisenkraut, Gundelrebe, Königskerzen und viele andere Sommerkräuter. Daraus werden Räucherbüschel gebunden und ein Vorrat für den Winter getrocknet.

Die Mittsommernacht ist auch die Nacht des kleinen Volkes, der Feen und Gnome, der Elfen und Nymphen. Sie tanzen unterm Hollerbusch und machen alle husch, husch, husch! Ein Schälchen Milch oder Obers erfreut diese Wesenheiten ganz besonders.

Ritualimpulse

Das Sonnwendritual bei SPIRIT & VISION

Da wir in der Stadt nicht einfach ein Feuer entzünden können, ist zu diesem Fest unser Ideenreichtum besonders gefragt. Es soll die Energie dieses Festes zum Ausdruck gebracht werden. Wir haben schon am Donauufer mit großem Feuer gefeiert und die Nacht dort verbracht, um am Morgen die Sonne wieder zu begrüßen. Wo immer wir auch feiern, wir tragen Kleider in den Feuerfarben rot-orange! Wir binden Sträuße und Kränze aus bunten Sommerkräutern, entzünden rote Kerzen und sinnliche Räucherdüfte.

Gedanken zum Sonnenuntergang

Wir verabschieden dich große Sonne in diese heiße Sommersonnwendnacht, sie ist die kürzeste Nacht des Jahres.

Du hast die Mutter Erde geküsst, gewärmt und genährt, alle Pflanzen, Bäume, Sträucher, Heilkräuter und Feldfrüchte haben reiche Frucht angesetzt. Du hilfst weiterhin, dass alle Früchte der Felder, Wiesen und Gärten heranreifen und uns zur Nahrung werden. Schenke deine Hitze wohldosiert und verschone uns vor Dürre und Ernteausfällen.

Du schenkst uns Menschen deine Feuerkraft und Vitalität, dir verdanken wir entspannende Ferien- und Urlaubstage, und laue Sommerabende in liebevoller Gemeinschaft.

Wir verabschieden dich Lichtbringerin, Quelle des Lebens, Lebensenergie von Mutter Erde und freuen uns auf den Sonnenaufgang morgen früh!

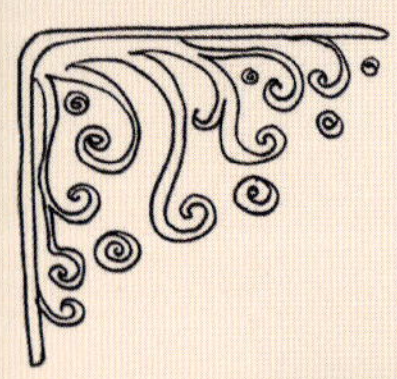

Sonnwendfeuer entzünden: Ob im Feuerkorb auf der Terrasse oder ein großes Feuer in freier Natur, es entfaltet von selbst seine Magie und Kraft. Natürlich können an einem kleinen Feuer Steckerlbrote gebacken werden oder andere Köstlichkeiten für den kulinarischen Ausklang zubereitet werden.

Mangels Feuermöglichkeit ist die Sonnenspirale eine vollwertige Alternative. Wir legen aus einem roten Band oder rot-orange-gelben Tüchern und Schals eine Spirale im Uhrzeigersinn auf die Wiese. Die Mitte schmückt ein kleines Feuer oder ein sommerlicher Blumenstrauß. Wir gehen einzeln im Uhrzeigersinn in die Spirale, die Frauen tragen dabei einen Blütenkranz, die Männer einen Kranz aus Eichenlaub. Auf dem Weg nach innen erinnern wir uns an die Fülle und das Wachstum im letzten Halbjahr, voller Dankbarkeit gehen wir den Weg gegen den Uhrzeigersinn also in abnehmender Richtung zurück. Begleitet wird dieser rituelle Gang mit Trommeln oder Rassel. Auch ein einfaches Lied wie: „Erde mein Körper, Wasser mein Blut, Luft mein Atem und Feuer mein Geist!" unterstützt diesen Prozess!

Der Blüten- und der Eichenlaubkranz bleiben in der Natur, wir schenken sie der Donau oder hängen sie in einen Baum am Ritualplatz. Es ist eine Geste der Dankbarkeit, der Natur etwas zurückzugeben.

Wir nützen die größte Kraft und Energie des Jahres und fokussieren ein Thema, ein Projekt, indem wir z.B. mit einer Armbrust einen Pfeil auf eine Zielscheibe abschießen, wo wir zuvor unser wichtigstes Thema notiert haben. Wir können eine Leuchtrakete in den Himmel steigen lassen oder mit der Steinschleuder ein Wunsch hinaus schleudern. Wichtig dabei ist, dass du mit aller Aufmerksamkeit und allen Emotionen dabei bist, so funktioniert Magie!

Diese Nacht ist die kürzeste im Jahr, eine wunderbare Möglichkeit, wieder einmal eine Nacht unter freiem Himmel zu verbringen, die Sonne am Abend zu verabschieden und am Morgen willkommen zu heißen.

Kulinarisches zum Fest

Zur Sommersonnenwende werden an manchen Orten gebackene Hollerküchlein (Holunderblüten in Palatschinkenteig) gegessen, bei uns sind sie um diese Zeit schon lange verblüht. Wir können Gebildbrote (Rezept beim Schnitterinnenfest) in Sonnenform backen, dazu Frischkäsebällchen mit Ringelblumen-Mantel oder wie es bei uns zur Tradition geworden ist, Marillenknödel essen. Sie sehen ja aus wie leuchtende Sonnen! Zur Wintersonnenwende passen dann Eismarillenknödel!

Sonnenkugeln – Frischkäsebällchen im Blütenmantel

Frischkäse mit fein gewiegten Kräutern und geriebenem Parmesan vermengen, die Masse soll gut formbar sein. Daraus Kugeln formen und in klein geschnittenen Blütenblättern von der Ringelblume oder anderen Blüten und Kräutern wälzen. Gut kühlen und schön angerichtet mit Kräutern und Blüten auf Salatblättern servieren.

Erdbeer-Rosen-Bowle

Zutaten

250 g	Erdbeeren
3	Limetten
6 EL	Rohrrohzucker oder Rosenblütenzucker
500 ml	Rosenblütensirup
einige	schöne Rosenblüten, am besten in Rot
1 lt	Tonic Water oder Bitter Lemon
1 lt	Mineralwasser mit Kohlensäure
	Eiswürfel

Zubereitung

Erdbeeren vierteln, Limetten in Achtel schneiden. Die Limetten werden mit dem Zucker im Bowlegefäß mit einem Stößel zerstoßen. Erdbeeren, Rosenblütensirup und Rosenblüten dazu geben und am besten über Nacht ziehen lassen.

Vor dem Genießen mit Tonic Water oder Bitter Lemon und Mineralwasser (auch Sekt ist möglich) aufgießen und mit Eiswürfel in Gläser füllen und servieren.

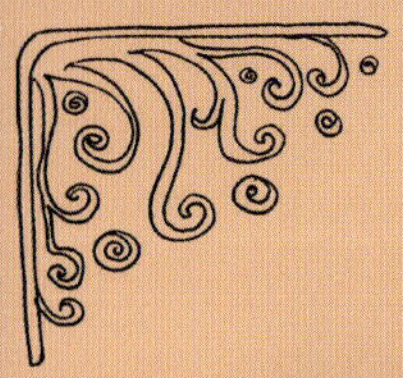

Marillenknödel

Ein Klassiker aus der österreichischen Mehlspeisküche!

Zutaten

	Reife Marillen
250 g	Topfen/Quark
	Griffiges Mehl
	Dinkelgrieß
1	Ei
1 Prise	Salz

Zubereitung

Aus den Teigzutaten wird ein Topfenteig zubereitet, nimm so viel Mehl und Grieß, dass ein gut formbarer Teig entsteht. Dieser rastet für eine Stunde im Kühlschrank. Schneide gleich große Stücke herunter, aus dieser Masse entstehen 6–8 Marillenknödel. Drück den Teig flach und lege eine Marille hinein. Schließ den Teig mit deinen Fingern und rolle die Knödel in der Handfläche.

Die Marillenknödel werden in leicht gesalzenes, kochendes Wasser eingelegt, bei sanfter Hitze zugedeckt geköchelt, bis sie oben schwimmen.

Währenddessen bereiten wir die Butter-Brösel zu. Lass in einer Pfanne Butter zerlaufen, streue Semmelbrösel, etwas Zucker und Zimt hinein. Unter Umrühren bei reduzierter Hitze bräunen lassen. Die gekochten Marillenknödel werden in den süßen Bröseln gewälzt und mit Staubzucker bestreut.

Schnitterinnenfest – Lughnasad – Lammas

Schnitterinnenfest – Lughnasad – Lammas · 1. August

Die Schnitterin zieht übers Land,
mit ihrer goldenen Sichel in der Hand!

Zeitqualität:
Das Schnitterinnenfest wird zum Ende der Getreideernte gefeiert. Auch die ersten Früchte sind reif. Die Kräuter und das goldgelbe Korn werden geschnitten.

Themen
Was in meinem Leben braucht einen „Schnitt", eine klare Änderung und Ausrichtung?

Ritualimpulse
Gebildbrote backen, mit der Sichel „alte Zöpfe", aus Getreide oder Gräsern geflochten, abschneiden, Kräuterbuschen binden (15. August)

Speisen
Gebildbrote, Getreidegerichte, rot-schwarze Beeren

Farben
Rot-Schwarz, Dunkelrot

Deko
Getreideähren, Brotlaibe, Sonnenblumen, Sichel

Die Natur im Jahreskreis

Wenn bei der Fahrt übers Land die Getreidefelder zu goldenen Stoppelfeldern geworden sind, wenn die ersten Frühäpfel reif sind, eine Fülle an Sommerkräutern gesammelt werden konnten und die Beeren in verschiedensten Rot- und Schwarztönen leuchten, dann ist die Schnitterin übers Land gezogen, um mit ihrer Sichel das Getreide zur rechten Zeit zu ernten. Heute übernimmt diese magische Arbeit der Mähdrescher. Die Getreidespeicher sind hoffentlich prall gefüllt, daraus ist das Brot, in unseren Breiten doch das wichtigste Grundnahrungsmittel – trotz Gluten- oder Weizenunverträglichkeit – bis zur nächsten Ernte gesichert.

Auch die Sonnenkraft wird beschnitten, sie schickt ihre Energie in Früchte, Kräuter und Feldfrüchte. Es ist

für die meisten Menschen die Zeit des Urlaubs oder der Ferien, ein bisschen Müßiggang an heißen Sommertagen, erfrischendes Baden im See, was gibt es Schöneres. Der Bogen der Sonne ist kürzer geworden, morgens ist schon Tau zu spüren.

In meinen Kindertagen haben wir am 15. August, zu Maria Himmelfahrt, einen großen Kirtag gefeiert. Da hieß es immer: „Nach dem Kirtag kannst schon den Herbst riechen!"

Ursprung und Mythologie

Das Schnitterinnenfest wurde von unseren AhnInnen am 1. August als Fest des ersten Getreideschnittes und des daraus gebackenen Brotes gefeiert. Da die Erntezeit regional verschieden ist, zieht sich die Schnitterinnenzeit über einen längeren Zeitraum, oft bis Mitte August. Das Schnitterinnenfest ist das erste von drei Erntefesten, nachher folgen Mabon und Samhain.

Im keltischen Kontext wird dieses Fest Lughnasad genannt. Lughnasad erinnert an das Opfer und den Tod des Getreidegottes Lugh: Das Getreide, zunächst als Keimling geboren, das in seinem „Tod" den Menschen ernährt, wird als einer der Aspekte des Sonnengottes aufgefasst. Pagane Menschen begehen den Feiertag, indem sie ein Abbild des Gottes als Brot backen, welches sie anschließend weihen und essen. Das Schnitterinnenfest ist die Zeit der klaren Ausrichtung und Entscheidung, des kompromisslosen Schnittes, des konsequenten Schrittes, Veränderungen zuzulassen.

Dieses Fest wird auch „Hochzeit des Lichts" genannt. Was kann man sich darunter vorstellen? „Unter der Lichthochzeit muss eine Lichtverbindung zwischen Himmel und Erde, Kosmos und Erde verstanden worden sein, die dem Volk durch die Priesterschaft sehr konkret erlebbar demonstriert worden ist, sodass das Göttliche direkt wahrgenommen werden konnte.

Am Höhepunkt der Weihehandlung muss ein sichtbarer Energieübertritt erfolgt sein, ein oder mehrere Lichtblitze, die von der Erde zum Himmel auffuhren, eine „Himmelfahrt" (sh. „Maria-Himmelfahrt") im wahrsten Sinn des Wortes. Vielleicht eine stehende Licht-Säule. Jedenfalls ein großartiges Schauspiel des Lichts, das alle beeindruckt haben muß."[1]

Zu Lughnasad finden große, mehrere Tage dauernde „Volksfeste" mit Spielen und Wettbewerben statt, an denen auch die alte Form der paganen Hochzeit zelebriert wird. Die Eheleute versprechen sich für ein Jahr und einen Tag die Liebe und Treue, im nächsten Jahr kann die Verbindung verlängert oder beendet werden.

Zu diesem Fest werden Kräutersträuße gebunden mit verschiedenen Getreidearten und Gräsern sowie Blumen. Diese werden mit einem roten Band zusammengebunden, dieses symbolisiert die rote, lebensspendende Göttin. In den Alpentälern werden heute noch beim Gottesdienst zu Maria Himmelfahrt, am 15. August, prachtvolle Kräuterbuschen geweiht.

Aus dem Angelsächsichen kommt die Bezeichnung Lammas, wo die hlafmæsse „(Brot)Laibmesse" bezeugt ist, das Brot aus dem ersten Kornschnitt wurde geweiht.

In der heimischen Heiligen Notburga kommt der Aspekt der todbringenden Göttin besonders gut zum Ausdruck: Sie wird oft mit einem Totenkopf und immer mit der Sichel in der Hand dargestellt, sie verkörpert den Aspekt der schwarzen Göttin, welche den Tod und die Transformation bringt. Wie aus den Getreidekörnern Mehl gemahlen wird und daraus nahrhaftes Brot entsteht, so wirkt die Magie der schwarzen Göttin, sie schenkt uns ein gutes, genährtes Leben.

[1] www.jahreskreis.info

Die griechische Getreidegöttin Demeter kennen viele nur mehr als Bio-Zertifikat, sie ist aber die alte Kornmutter, die nährende Muttergöttin. Welchem Aspekt dieser besonderen Zeit man nun mehr Aufmerksamkeit schenkt, kann jeder selbst entscheiden, es ist ein so vielfältiges Fest im Jahreskreis, dass es nicht im Urlaubs- und Ferienalltag einfach verloren gehen sollte.

Persönliche Themen

Die Kraft von Lughnasad unterstützt uns bei Entscheidungen, eine klare Ausrichtung und Veränderungen

sind so leichter möglich. Altes wird konsequent abgeschnitten. Die Vision von Lichtmess/Imbolc darf geerntet werden.

Besonders freie Urlaubstage laden ein innezuhalten, um die Richtung unseres Lebens zu reflektieren und mit der Kraft der Jahreszeit auch die entsprechenden Schritte zur Umsetzung zu machen.

Vielleicht müssen wir uns von Menschen trennen, die uns nicht mehr guttun, oder eine berufliche Veränderung ist längst überfällig, oder die Wohnsituation macht uns so gar nicht mehr glücklich, oder persönliche Abhängigkeiten dürfen losgelassen werden – dann nütz diese Zeit, um einen vielleicht schmerzlichen, aber längst notwendigen Schnitt zu machen!

Die Qualität der Jahreszeit unterstützt uns beim Ausmisten, Wegwerfen und Loslassen! Alles, was wir nicht mehr brauchen, kann leichter von uns gehen!

Traditionen und Brauchtum

Die Generation meiner Eltern (Jahrgang 1940) hat am Ende der damals noch händischen Getreideernte ausgelassene Dreschfeste und Feierlichkeiten begangen.

Mancherorts lässt der Bauer ein Kornmandl oder eine Kornmutter als Dank an die Natur und ihre Wesen auf dem Feld stehen. Die Tiere des Feldes danken es.

Ritualimpulse

Das Schnitterinnenfest bei SPIRIT & VISION
Wir suchen uns für das Schnitterinnenfest einen Platz in der Natur, am besten mit hohem Gras. Wir bringen für den rituellen Schnitt unser Schneidewerkzeug mit. Ich lade unsere TeilnehmerInnen immer ein, sich in rot-schwarz zu kleiden, um den Übergang von der roten fruchtbaren Göttin zur schwarzen, transformierenden Göttin auszudrücken! Diese Qualität kommt auch durch ein schwarz-rotes Tuch am Altar oder in der Mitte zum Ausdruck, dazu ein Getreidebuschen und eine Sichel. Weiters können auch der Kräuterbuschen und ein Gebildbrot die rituelle Mitte bilden.

Mit einem persönlichen Schneidewerkzeug wird auf einer ungemähten Wiese oder einem noch nicht gedroschenen Getreidefeld abgeschnitten, was ich loslassen möchte.

Wir danken der Mutter Erde für das Brot:

Mutter der Erde,
du gabst uns neues Korn,
das in der Sonne trocknete,
entledigt der Schale,
in der Mühle gemahlen,
gebacken im Ofen
nährt es dein Volk.

Wir schreiten um den Kreis
in deinem Namen, große Mutter,
wir bitten um deinen Schutz,
in Frieden, gemeinsam
und aufrichtigen Herzens.

Schenke uns Liebe, Arbeit,
Weisheit und Gnade
für das Wohl deines Herren,
der mit der Ernte stirbt,
bis er eines Tages wiederkehrt.[1]

Wir entspannen zum Lied: „I'm on a healing journey"[2] auf der Wiese liegend, tief verbunden mit der Erde, die uns trägt und nährt.

Viele Kräuterfrauen und Frauengruppen binden gemeinsam Kräuterbuschen, sie werden in einem Ritual gesegnet oder vielerorts am 15. August in der Kirche geweiht. Der Kräuterbuschen besteht aus 7, 9 Kräutern oder einer Vielzahl davon. Er ist die Hausapotheke für

[1] Quelle unbekannt
[2] Antara, Gila, Helm, Amei. Healing Journey Heilreise. Lieder, Tänze, Bach-Blüten mit 2 Musik CDs. 5. Braunschweig, Labyrinth Verlag 2008

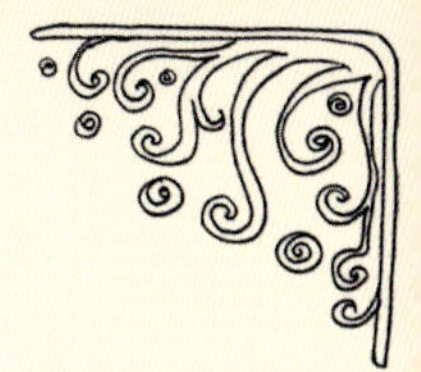

Mensch und Tier. In den Raunächten werden diese Kräuter mit Weihrauch gemischt und verräuchert.

Gebilde aus Getreide schmücken den Tisch oder den Hausaltar, aus Getreide binden wir einen Getreidegott Lugh, der mit dem Schneidewerkzeug rituell sterben darf. Wer selbst ein Getreidefeld hat, lässt nach alter Sitte ein Kornmandl stehen.

Statt dem Getreidegott kann auch aus Getreideähren ein Zopf geflochten werden, damit verbunden sind die alten Zöpfe, die man abschneiden möchte. Alte Muster, alte kaputte Beziehungen u.v.m. Im Ritual wird der Zopf mit einem Schneidewerkzeug durchtrennt.

Eine persönliche Räucherung unterstützt uns beim Loslassen der alten, unbrauchbaren Dinge/Muster/Beziehungen.

Gemeinsam Gebildbrote backen macht auch Kindern Spaß, egal ob ein großes Brot geformt wird oder viele kleine Gebildbrote entstehen. Vielleicht kannst du beim Biobauern schon Getreide aus der heurigen Ernte bekommen. Erwachsene dürfen sich auch mal an Roggen-Sauerteig-Brot wagen, es ist wirklich keine Hexerei und schmeckt wunderbar!

Kulinarisches zum Fest

Zum Schnitterinnentag bieten sich vor allem Getreidegerichte zum Essen an. Ob Haferflockenlaibchen, ein Grünkernaufstrich oder ein Gebildbrot, zusammen mit gegrilltem Gemüse ergeben sie ein köstliches Mahl zur Getreideernte. Erfrischend an heißen Sommertagen ist der Melonen-Feta-Salat.

Für ein Lughnasad-Ritual in der Natur bringen alle etwas für ein Picknick mit. Selbstgemachte Gemüse-, Beeren- oder Getreidezubereitungen passen zu diesem wunderbaren Fest der sommerlichen Fülle!

Haferflockenlaibchen

(Dieses Rezept widme ich meiner verstorbenen Schwiegermutter; es wird schon in 3. Generation nachgekocht.)

Zutaten

250 g Topfen
250 ml Milch
250 g Haferflocken
2 Eier
1 große Zwiebel, würfelig geschnitten
3 Knoblauchzehen, gepresst
Majoran, Kräutersalz, Pfeffer, Suppenwürze

Zubereitung

Die Haferflocken werden in Milch und Topfen ca. 2 Stunden eingeweicht, dann die restlichen Zutaten zufügen und in einer Schüssel miteinander vermengen.

Öl in einer Pfanne erhitzen und Laibchen herausbacken. In Rohr warm halten, bis alle gebacken sind. Die Menge ergibt ca. 25 Stück. Die Haferflockenlaibchen können gut eingefroren und im Rohr wieder aufgebacken werden.

Dazu passt Gurkensalat mit Dill-Rahm-Marinade und Kräuterrahm.

Melonen-Feta-Salat mit Minze

Das ist unser Favorit bei +30 °C, aus drei Zutaten ganz schnell gemacht.

Wassermelone und Feta in mundgerechte Stücke schneiden, mit reichlich gezupfter Minze vermischen und ein bisschen Olivenöl darüber geben. Für eine Stunde im Kühlschrank durchziehen lassen und die Mischung aus fruchtig-würzig-kühlend genießen!

Gebildbrot

Zutaten für ein großes oder zehn kleine Gebildbrote

500 g	frisch gemahlenes Dinkelmehl
1 Pkg	Trockengerm (Hefe)
1 EL	Brotgewürz (Kümmel, Fenchel, Koriander), mit dem Getreide gleich mitmahlen oder in gemahlener Form untermischen
1 EL	Kräutersalz
1 Schuss	Olivenöl
	Buttermilch und Wasser nach Bedarf

Zubereitung

Teig in der Küchenmaschine kneten, zugedeckt an einem warmen Ort ca. 30–45 Minuten gehen lassen. Teigstücke zu einem Gebildbrot formen, mit Wasser, Ei oder Milch bestreichen, mit Samen oder Körnern bestreuen. Nicht mehr gehen lassen, sondern gleich ins vorgeheizte Rohr, ca. 50 Minuten bei 180 °C Heißluft backen. Die kleinen Gebildbrote brauchen ca. 30 Minuten. Auf einem Gitter auskühlen lassen.

Herbsttagundnachtgleiche – Mabon – Erntedank

Herbsttagundnachtgleiche – Mabon – Erntedank · 21. September

Die dunkle Jahreszeit beginnt mit dem Erntedankfest

Zeitqualität
Mit dem Ritual zum Herbstbeginn treten wir in die dunkle Hälfte des Jahres ein, die Tagkräfte und Sonnenstunden ziehen sich immer mehr zurück. Unsere Aufmerksamkeit wird wieder mehr auf die inneren Vorgänge der Verwandlung gelenkt. Tag und Nacht sind wieder gleich lang. Wir danken Gott und Göttin für die reiche Ernte und die Gaben von Feld und Flur. Wir danken für unser persönliches Wachstum und Reifen! Wie in der Natur gehört dazu auch der Aspekt des Loslassens, von dem, was nicht gelungen ist.

Themen
Für welche Früchte in meinem Leben darf ich dankbar sein? Was ist in diesem Jahr zur Frucht gekommen? Was ist nicht gelungen und kommt auf den Komposthaufen meines Lebens?

Ritualimpulse
Erntedank-Mandala legen, Ritual zum Loslassen: auf ein Blatt schreiben, was gehen darf und verbrennen oder dem fließenden Wasser übergeben

Speisen
Trauben, Wein, Apfel- und Kartoffelgerichte, Wildgerichte

Farben
Herbstfarben, Violett

Deko
Früchte und Gemüse im Füllhorn, Weintrauben, Getreidegarben, Efeuranken

Die Natur im Jahreskreis

Mit dem Herbstbeginn treten wir in die dunkle Hälfte des Jahres ein, die Tagkräfte und Sonnenstunden nehmen stetig ab. Tag und Nacht sind genau gleich lang, um dann wieder der Dunkelheit zunehmend mehr Raum zu geben.

Gemeinsam mit dem Frühlingsbeginn ist der Herbstbeginn der zweite Zeitpunkt im Jahr, an dem wir absolute Balance genießen dürfen. Nach der Hitze der Sommertage freuen sich Mensch und Natur über ange-

nehme Temperaturen und über das Gleichgewicht der ruhigeren Herbstzeit.

Die Getreidefelder sind leer geworden, die Äpfel und Zwetschken hängen reif an den Bäumen, die Trauben wandern in die Kelter und alle Gartenbesitzer haben noch eine Menge zu tun und freuen sich über eine reichliche Ernte. Die Bäume ziehen ihr buntes Blätterkleid an und schenken uns ihr herbstliches Leuchten. Mit den weißen Spinnweben zieht der Altweibersommer ins Land.

Selbst als „Großstadtbäuerin", wie mich mein Mann scherzhaft nennt, bringe ich noch täglich Früchte von Hagebutte und Weißdorn, aromatischen Beifuß und Hopfenzapfen oder die Samen der Brennnessel mit nach Hause. Die Küchenkräuter werden ein letztes Mal geerntet und getrocknet.

Das Herbstfest hat immer zwei Aspekte: Wir danken der Mutter Erde (naturspirituelle Menschen nennen sie auch Gott und Göttin) für die reiche Ernte und die Gaben von Feld und Flur. Wir danken für unser persönliches Wachstum und Reifen! Wir nehmen aber auch das an, was keine Früchte getragen hat oder als Missernte auf den Kompost musste und wieder in den Tod und Lebenszyklus zurückkehrt. Sowohl in der Natur als auch im übertragenen Sinn des Lebens.

Unsere Vorratskammern sind reichlich gefüllt, sie nähren uns über einen langen Winter.

Ursprung und Mythologie

Die Erntegöttin, die immer auch eine Todesgöttin ist, schreitet übers Land. Erst wenn das Getreide gedroschen ist, können wir daraus leckeres Brot backen. Erst wenn das Gemüse geerntet ist, wird es uns zur Nahrung. Der Tod, den sie mit sich bringt, ist voller Magie und geheimnisvoll. Sie ist jenseits vom patriarchalen und zerstörerischen Tod zu Hause. Sie hilft uns, die kleinen Tode im Alltag bewusst zu erleben und mit ihr in die große Verwandlung bis zum Wiedererwachen im Frühling zu gehen. Ihre Namen sind vielfältig: die griechische Demeter, die römische Ceres, die indische Kali, die nordische Freya, die heimische Hel, der schwarze Aspekt der Frau Holle.

Mit der Natur geht auch der Heros, der männliche Begleiter der Göttin, auf die Reise in die Anderswelt. Im Laufe der Zeit bekam er in paganen Kreisen den Namen Mabon (= großer Sohn), seine Mutter war Mordon, die Erde. So wie die Vegetation aus der Mutter Erde jährlich wieder hervorkommt, so braucht auch der Heros den weiblichen Schoß, die Mutter Erde, für seine Rückkehr in der Wintersonnwendnacht!

Persönliche Themen

Wir genießen dankbar die Ernte des Jahres, Gemüse und alle Früchte, alles Getreide und Kräuter. Unsere Vorratsregale sind vermutlich reich gefüllt mit Sirup, Marmeladen, Eingekochtem, Pestos, Kräutern und vielem mehr.

Wir danken für unser persönliches Wachstum und Reifen! Wie in der Natur gehört dazu auch der Aspekt des Loslassens von dem, was keine Früchte getragen hat. Das Element Wasser gehört zur Himmelsrichtung des Westens, genauso wie der Herbst, es ist die Energie der Transformation und des Loslassens, die uns um diese Jahreszeit besonders begegnet!

Unsere Aufmerksamkeit wird wieder mehr auf die inneren Vorgänge der Verwandlung gelenkt. Es ist die Zeit des Gleichgewichtes von Tag und Nacht, von Helligkeit und Dunkelheit. Eine ruhigere, harmonische Zeit des Dankes und der inneren Einkehr bricht an.

Ich persönlich genieße es jedes Jahr, wenn die Außenaktivitäten weniger werden und ich wieder gemütlich auf dem Sofa sitzen kann, am besten mit Strickerei in der Hand und einer duftenden Tasse Tee. Auch ist es wieder Zeit, Kerzen und Räucherwerk zu entzünden und Gäste um den Tisch zu versammeln und die familiäre oder freundschaftliche Geborgenheit zu genießen.

Traditionen und Brauchtum

Im Herbst finden landauf und landab zahlreiche Erntefeste, Bauernmärkte, Ernteumzüge und Almabtriebe statt: Weinlesefeste, Apfel-, Zwiebel- oder Kartoffelfeste, je nach lokaler Gegebenheit! Die Menschen kommen in Tracht und feiern mit Blasmusik ihren Ursprung und ihre Dankbarkeit über die Ernte. Leider sind diese Feste oftmals zur Oberflächlichkeit und Oktoberfest-Völlerei verkommen, dabei hätten wir allen Grund, dankbar zu sein.

In katholischen Gemeinden bildet eine kunstvoll gebundene Erntekrone das Zentrum des Erntedankfestes Ende September oder Anfang Oktober. Oftmals wird bei diesem Fest auch Haltbares für Bedürftige gesammelt oder das dekorierte Obst und Gemüse wird sozialen Einrichtungen zur Verfügung gestellt.

Eine besondere Rolle spielt der Michaelitag am 29. September; der Heilige Michael gilt als Streiter für Gott. Ein besonderer Brauch hat sich in Bad Ischl und im angrenzenden Salzkammergut bewahrt: der Lichtbratl-montag. Das ist ein altes Brauchtum und wird Anfang Oktober alljährlich am ersten Montag nach dem Michaelitag gefeiert. Das „Bratl" ist ein Schweinebraten, zu dem das ganze Gesinde eingeladen wurde, dazu wurde das erste Mal im Herbst wieder das künstliche Licht verwendet! Zu Lichtmess am 2. Februar kam man wieder ohne künstliche Beleuchtung aus.

Selbst in Wien (1,9 Mio. Einwohner) ziehen im Herbst eine lange Reihe mit Gemüse, Obst, Weintrauben und Herbstblumen geschmückten Erntewagen durch die Innenstadt und erfreuen BewohnerInnen und Gäste.

Ritualimpulse

Das Erntedankfest bei SPIRIT & VISION

Wir versammeln uns unter magischen Ebereschenbäumen oder im Weinberg unter den reifen Trauben und genießen die Herbstsonne. Wir schreiben das, was wir loslassen möchten, auf Blätter und verbrennen es in einem kleinen Feuer. Wir danken für unsere persönliche Ernte (symbolisch und tatsächlich) in diesem Jahr und legen mitgebrachtes Obst, Gemüse, Getreide und Nüsse zu einem Mandala. Wir tanzen wie zum Frühlingsbeginn zu „My roots growing deep" und danken der Mutter Erde und den fleißigen Händen der Bauern und Bäuerinnen.

Dankt den Bauern und Bäuerinnen
und allen in der langen Kette
vom Acker zum Mund
über Sonne und Regen.
Dankt für die Fülle in unserem Leben.
Möge jeder Bissen uns daran erinnern,
wie schön es ist, zu leben
und mehr als genug zu essen zu haben,
unter Gleichgesinnten zu sein
und eine gesunde,
wohlschmeckende Mahlzeit
zu teilen.[1]

Abschließend wird wie immer gemeinsam gegessen, entweder genießen wir beim Picknick köstliche Zubereitungen aus den Gaben des Herbstes oder bei kühlem Wetter eine Kartoffelsuppe in der warmen Stube.

Gemeinsames Erntedank-Essen in der Familie oder im Freundeskreis: Bei uns gibt es dann eine Wiener Erdäpfelsuppe mit Schwammerln und einen Zwetschkenkuchen.

Loslass-Ritual am fließenden Gewässer: Schreib das, was du loslassen möchtest, auf ein herbstliches Blatt und übergib es bewusst dem Wasser! Auch in einem kleinen Feuer lässt sich verbrennen, was du loslassen möchtest.

Gestalte einen persönlichen Erntedank-Altar mit Funden aus der Natur (Kinder haben daran sicher auch Spaß) und der Ernte aus deinem Garten, ein Füllhorn ist ein wunderbares Symbol für die Fülle des Herbstes.

[1] Quelle unbekannt

Kerzen in herbstlichen Farben und ein Räucherwerk passen wunderbar dazu. Aus Obst und Gemüse lässt sich ein wunderschönes, beeindruckendes Mandala legen.

Kinder basteln mit Kastanien, Eicheln, Nüssen lustige Tiere oder legen mit den Schätzen ein schönes Mandala.

Vielleicht gibt es in deiner Nähe einen Weinberg oder einen Apfelbauern und du kannst dort bei der Lese oder Ernte mithelfen. Auch ein letztes Picknick in den Weinbergen oder unter dem Apfelbaum ist eine ausgezeichnete Möglichkeit, um den Herbst willkommen zu heißen.

Kulinarisches zum Fest

Wir können aus einer Fülle von Erntegaben wählen, an heimischem Obst stehen uns besonders Äpfel und Zwetschken zur Verfügung. Aus Kartoffeln, Karotten, Zwiebeln und Schwammerl wird eine köstliche Suppe, passend zum Erntedank.

Zwetschkenkuchen

Zutaten

500 g Zwetschken
3 Eier
150 g Rohrohrzucker
200 g Butter
200 g Mehl
1 Pkg. Vanillezucker
1 Msp. Backpulver
1 Msp. Zitronenschalen, klein gehackt
1 EL Rum

Zubereitung

Die Zwetschken waschen, teilen und entkernen.

Eier trennen. Butter und Zucker schaumig schlagen, die Dotter dazugeben. Vanillezucker, Rum und Zitronenschalen beifügen und vermengen. Backpulver und Mehl langsam dazugeben. Eiklar zu Schnee schlagen und unter die Masse unterheben.

Backrohr bei Ober- und Unterhitze auf 180 °C vorheizen. Teigmasse auf ein mit Backpapier ausgelegtes Backblech verteilen und mit Früchten belegen. 30–45 Minuten hellbraun backen. Die Masse kann auch in einer Rundform verarbeitet werden, jedoch nur mit der Hälfte der Teigmasse.

Erdäpfelsuppe mit Schwammerl

Zutaten

Lauch, in Ringe geschnitten
Kartoffeln, Karotten, Sellerie, Petersilie, in Stücke geschnitten
Steinpilze oder braune Champignons, in Scheiben geschnitten oder getrocknete Steinpilze, einige Stunden in Wasser eingeweicht
Gemüsebrühe
Kräutersalz, Pfeffer, Majoran, Brennnesselsamen, Lorbeerblatt
Obers, Rahm oder vegane Soja-Cuisine
Steinpilzöl oder anderes Öl

Zubereitung

Öl in einem Topf erhitzen, Lauch kurz anbräunen, Gemüse und Pilze dazugeben, mit Gemüsebrühe aufgießen, würzen und weich köcheln.

Nach Wunsch mit Obers etc. verfeinern, Lorbeerblatt entfernen und mit dem Stabmixer etwas pürieren.

Aus der Praxis, für die Praxis

Du möchtest selbst Jahreskreisfeste feiern, vielleicht öffentlich anbieten und suchst Gleichgesinnte dafür? Folgende Überlegungen sollen dein Vorhaben unterstützen.

Regionale Besonderheiten

Jede Region hat ihre individuellen Bräuche und Traditionen, sie sind gewachsen und sind im Alpenraum anders als am Nordseestrand, in traditionell katholischen Gegenden anders, als in protestantischen Regionen. Trotzdem ist zu sehen, dass zentrale Elemente in allen Gegenden des deutschsprachigen Raumes identisch sind.

Denken wir an die Feuerbräuche zum Frühlingsbeginn: Am 21. Februar feiert man im Norden Deutschlands mit dem „Biikebrennen" das Ende des Winters, in Vorarlberg wird Anfang März der „Funken" mit der Winterhexe obendrauf entzündet. In anderen Gegenden rollen zu Ostara brennende Sonnenräder den Hang hinunter. Vor den christlichen Kirchen wird in der Osternacht das Osterfeuer entzündet.

Gemeinsam geht es hier darum, mit dem Feuer den Winter zu vertreiben und die Sonnenkraft quasi vorwegzunehmen. Sie nimmt zu und wird den Winter endgültig vertreiben.

Schau dich in deiner Region um, was dort an Brauchtum gefeiert wird, wie sich das gestaltet. Frage alte Menschen, was sich dahinter verbirgt, wie man das früher gefeiert hat. Mit einigem Hintergrundwissen wird dir da oder dort ein Licht aufgehen und verstaubte Bräuche wirken wieder lebendig! Es geht nicht darum, die Asche zu bewahren, sondern die Glut zu schüren!

Individuelle Gestaltungsmöglichkeiten

Gestalte und feiere nach deinem persönlichen Zugang, Verständnis und deinen Möglichkeiten die Jahreskreisfeste. In den einzelnen Kapiteln dazu findest du viele Hintergrundinformationen und Anregungen!

Wichtig ist, nichts „nachzuahmen", sondern dass du deinen eigenen Weg findest. Wenn du in den inneren Gehalt der Jahreszeit, des Jahreskreisfestes, eingetaucht bist, dann wirst du auch ein wunderbares

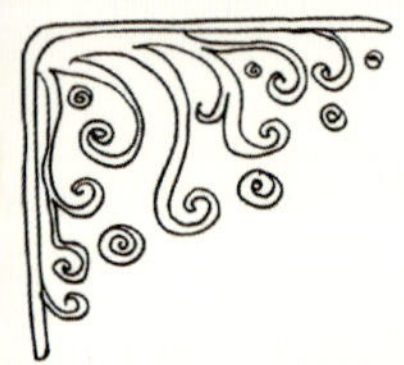

Ritual entwickeln, das in deiner Spiritualität wurzelt. Ob du dabei gerne singst, tanzt, meditierst, schamanisch reist oder kreativ tätig wirst, liegt an deinen eigenen Fähigkeiten, Vorlieben und an den äußeren Möglichkeiten.

Auch wenn du nicht in Alleinlage mit einer Feuerstelle hinterm Haus wohnst, kannst du die Jahreskreisfeste feiern! Genauso können wir auch in einer Wohnung oder in der Stadt Möglichkeiten suchen. Überall gibt es naturbelassene Plätze oder einen Wald, im Bedarfsfall ist mit dem Besitzer eine Absprache zu treffen. Beachte bitte, dass man nicht überall einfach ein Feuer machen kann. Oft verwenden wir für die Feuersymbolik eine Indoor-Feuerschale, sie schenkt uns besonders bei den Winter-Festen Wärme und Feuerfunken. Mit Fackeln leuchten wir eine Waldlichtung wunderbar aus.

Aufbau eines Jahreskreisfestes – aus der Praxis geplaudert!

Ort/Räumlichkeit

Manche Gruppen haben einen gleichbleibenden Seminarraum oder Ritualplatz in der Natur zur Verfügung. Andere suchen für das jeweilige Fest passende Plätze im Freien. Der Ort für ein Jahreskreisfest soll am besten zum Thema des Festes passen.

So feiern wir die Winter-Feste wie die Wintersonnenwende und Imbolc gerne in der warmen Stube, Samhain haben wir schon unter einem gelben Ahornbaum zwischen zwei Friedhöfen oder am „Friedhof der Namenlosen"[1] gefeiert. Zu Ostara gehen wir in einen

[1] http://friedhof-der-namenlosen.at/ 23.02.2020

lichten Laubwald, die Walpurgisnacht feiern wir auf einer grünen Waldlichtung, das Erntedankfest zum Herbstbeginn hat im Weinberg einen wunderbaren Rahmen gefunden.

Für eine kleine Runde ist auch die Terrasse oder der Balkon ein feiner Ort zum Feiern. Es darf an den Orten gefeiert werden, wo wir auch sonst leben!

Achte darauf, dass der Platz aufgeräumt und sauber ist, im Chaos lässt sich kein Fest feiern. Es versteht sich von selbst, dass wir keinen Müll hinterlassen, ein Müllsack gehört zu den Utensilien für jedes Jahreskreisfest!

Datum/Uhrzeit

Für die einzelnen Jahreskreisfeste haben sich konkrete Termine entwickelt, die an anderer Stelle dargestellt wurden, andere feiern die Mondfeste lieber nach den Mondterminen. Praktischerweise wird man einen Samstag oder Sonntag wählen, wenn man mit einer Gruppe feiern will, da am Wochenende doch die meisten Menschen freihaben.

Die Uhrzeit ist natürlich auch variabel und individuell zu entscheiden. Mir persönlich würde aber ein Ostara-Ritual am Abend bei Dunkelheit komisch erscheinen, dafür ist ein lichtvoller Nachmittag oder auch Morgen besser passend. Bei der Walpurgisnacht darf natürlich in die Nacht hinein getanzt und gefeiert werden. Beim Imbolc-Fest genießen wir die helle Tageszeit und feiern gerne am Nachmittag. Die Geburt des Lichtkindes zur Wintersonnenwende feiern wir zur dunklen Abendzeit, manche auch tief in der Nacht.

Wenn wir ein Gespür für den Inhalt des jeweiligen Jahreskreisfestes entwickelt haben, dann werden uns diese Entscheidungen nicht schwerfallen.

Wenn wir in einem Kreis ein Jahreskreisfest feiern, schaffen wir eine rituelle Mitte mit einem farblich passenden Tuch unter den oben erwähnten Ritualgegenständen. Findet das Fest in der Natur statt, bringen wir die wichtigsten Elemente mit. Für das Schnitterinnenfest zum Beispiel packe ich ein rot-schwarzes Tuch ein, dazu ein Gebildbrot, einen Strauß mit Getreide und meine Sichel.

Eröffnung des Ritualkreises

Der Beginn eines Jahreskreisfestes kennt verschiedene Möglichkeiten: Wicca-Gemeinschaften ziehen einen rituellen Kreis mit der Athame, Asatru[1]-Anhänger machen eine Hammerlegung, in schamanischen Kreisen wird getrommelt und der schützende Ritualkreis mit der Rassel gezogen. Eine rituelle Anrufung der vier Elemente in den vier Himmelsrichtungen ist allen Gruppen ge-

Altar/Schrein/ Ritualmitte

Naturspirituelle Menschen haben in ihrer Wohnung oder in ihrem Haus einen Altar, Schrein oder einen heiligen Platz errichtet. In meiner Heimat kennt man in jedem Haus den sogenannten „Herrgottswinkel", die Ecke über der Sitzbank um den Esstisch, diesen Herrgottswinkel schmückt ein Kreuz, Heiligenbilder, der Palmbuschen und das Birkenkränzchen von der Fronleichnamsprozession, dazu Bilder von Verstorbenen und andere, für die Bewohner heilige Dinge.

Ein Altar/Ritualplatz für naturspirituelle Menschen hat ein Abbild von Gott und Göttin, Kerzen, Räucherwerk, je nach Tradition eine Athame oder einen Hammer für den rituellen Kreis. Dazu Symbole, die zur jeweiligen Jahreszeitqualität passen.

[1] Modernes germanisches Heidentum, **Alte Sitte** oder auch Asatru („Asentreue") genannt, ist der Versuch, die religiösen Vorstellungen der vorchristlichen Germanen so genau wie möglich nach Quellenlage wiederzubeleben – als eine moderne Religion für die heutige Zeit. Aus: https://www.asentr.eu/asakurz.html 23.02.2020

meinsam. Dazu kommen noch die obere, mittlere und untere Welt/Ebene. Das kann sich wie folgt gliedern:

Norden – Erde – Winter

Süden – Feuer – Sommer

Osten – Luft – Frühling

Westen – Wasser – Herbst

Obere Welt – Götter und Göttinnen,
spirituelle Lehrer und Lehrerinnen

Mittlere Welt –
die Wesen des Platzes und des Ortes

Untere Welt – Krafttiere

Die Anrufung findet meist in Verbindung mit einer Räucherung statt. Jede Räucherung verbindet uns mit der spirituellen Welt, so wie der Rauch nach oben steigt, so steigen unsere Wünsche und Anliegen nach oben. Ich mische spezielle Räuchermischungen für die einzelnen Jahreskreisfeste, ebenso hat sich die reinigende Kraft des Weißen Salbei sehr bewährt. Zu den Räuchermischungen findest du bei den jeweiligen Festen konkrete Vorschläge.

Einführung
Als Hinführung zum Thema des Festes eignen sich Texte, Gedichte, Lieder – alles was dir passend scheint. Am schönsten sind natürlich selbst geschriebene Zeilen, aber du wirst auch in Büchern und im Internet fündig.

Vorstellrunde
Wenn die Ritualgruppe keine fixen TeilnehmerInnen hat, steht eine Vorstellrunde am Beginn. Einfach zuhören, wer hier miteinander im Kreis sitzt und auch warum jemand dazu gefunden hat. Ich kombiniere die Vorstellrunde gerne mit der Frage: Was ist dir an diesem Jahreskreisfest wichtig und welche Bräuche kennst du dazu? Das führt uns schon zu den Inhalten des Festes.

Inhaltliche Aspekte
Hier haben Hintergründe, Mythologie, Traditionen und Brauchtum ihren Platz. Ich versorge alle Teilnehmenden vorher mit einigen Hintergrundinformationen, so können wir den Fokus beim Zusammentreffen auf das rituelle Feiern legen.

Rituelle Handlung
So unterschiedlich die Aspekte der Jahreskreisfeste sind, so verschieden sehen auch rituelle Handlungen aus: Zu Ostara säen wir Samen, zu Samhain gedenken wir der Ahnen mittels einer Räucherung, zur Wintersonnenwende gehen wir in der Spirale zurück in die Dunkelheit, um das neue Licht zu entzünden und die Geburt des Lichtkindes zu feiern. Zur Beltane stehen lustvolle Tänze um das Feuer im Mittelpunkt.

Bei den einzelnen Jahreskreisfesten beschreibe ich eine Fülle von in der Praxis erprobten Ritualvorschlägen.

Vertiefung
Das Thema vertiefen wir durch eine angeleitete Fantasiereise, eine Meditation oder eine schamanische Reise. Wähle das, was für dich passend ist.

Austausch und persönliche Themen des Festes
Jedes Fest im Jahreskreis hält Themen für unsere persönliche Entwicklung bereit. Wir tun gut daran, diese Energie auch für unsere eigenen Prozesse zu nützen. Wir tauschen uns in der Gruppe darüber aus. Es ist ein altes magisches Prinzip: Alles, was in Worte gefasst wird, vertieft und verstärkt sich. Noch intensiver wirkt alles, was wir aufschreiben.

Tänze, Lieder, Texte
Je nach persönlichen Fähigkeiten oder auch den Begabungen der Mitfeiernden tanzen und singen wir, wir trommeln oder tönen und hören ausgewählte Musik-

titel. Je mehr Sinne bei unseren Festen angesprochen werden, desto ganzheitlicher erfahren wir die Kraft der Jahreszeiten. Einzelne Vorschläge aus unserer Praxis findest du bei den jeweiligen Festen.

Abschluss/Segen

Ein Text, ein Gebet, ein Segensritus beendet den rituellen Teil.

Kulinarisches Zusammensein

Dass „Essen und Trinken die Leut' zusammenhält", ist ein alter, weiser Spruch. Auch alle Jahreskreisgruppen pflegen ein Zusammensein bei Speis und Trank. So haben die alten Germanen noch rauschhafte Biere für die Feste gebraut oder den köstlichen Met als Getränk der Götter genossen. Es ist ratsam, dass du dir als Ritualleiterin vorher überlegst, wie du den Alkoholkonsum handhaben möchtest, wenn du keine unliebsamen Überraschungen erleben möchtest.

Kulinarisch gibt es zahlreiche Traditionen, auf welche ich in den jeweiligen Abschnitten näher eingehe. Für naturspirituelle Menschen ist es selbstverständlich, dass nur biologische, regionale und saisonale Lebensmittel auf den Tisch kommen, am besten mit viel Liebe selbst zubereitet. So ehren wir die Mutter Erde ganz praktisch!

Bei manchen Festen bringen alle etwas für das gemeinsame Buffet oder Picknick mit, so z.B. zu Imbolc oder zu Beltane. Für andere Feste koche ich für alle, z.B. die Kürbissuppe für Samhain oder die Spinatsonne für die Wintersonnenwende. Es ist sinnvoll, darüber rechtzeitig in der Gruppe zu sprechen und zu koordinieren, wer was mitnimmt.

Der Energieausgleich

Möchtest du ein Jahreskreisfest nicht nur für dich alleine feiern, sondern einen größeren Kreis ansprechen, dann stell dir die Frage, wie viel dein Aufwand, deine Initiative und deine Vorbereitungen kosten. Aus jahrelanger Erfahrung darf ich berichten, dass alles seinen Preis haben darf und dass du dir den Ablauf von Anmeldung, Bezahlung, Abmeldemodus und Organisation vorher genau überlegen solltest. Nur das hilft einiger-

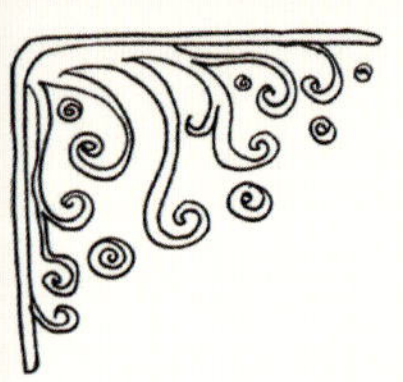

maßen bei Abmeldungen, weil es regnet oder weil doch etwas anderes dazwischengekommen ist. Es ist auch nicht möglich, im letzten Moment alle Vorbereitungen zu treffen, also wirst du die InteressentInnen anhalten, sich rechtzeitig anzumelden. Wir haben die Jahreskreisfeste auch zum freien Energieausgleich angeboten, das hat leider nicht funktioniert.

Ich weiß, das klingt etwas kleinlich, aber anders kann es dir passieren, dass du dann alleine mit all den schönen Vorbereitungen dastehst!

Schlusswort

Liebe LeserIn, wir sind gemeinsam den Weg durch den Jahreskreis gegangen. Jetzt beginnt der Weg wieder von vorne und doch neu. Eine ewige Spirale von Sterben, Wachsen, Reifen und Ernten.

Ich hoffe, dass dein Herz berührt wurde und du etwas vom großen Schatz erahnen kannst, der im Gestalten und Feiern der Jahreskreisfeste liegt. Die natürlichste Religion finden wir in der Naturspiritualität!

Die acht Feste im Jahreskreis verbinden uns mit unseren Wurzeln, sie nähren unsere Seele, unseren Geist und unseren Körper und sie verbinden Menschen an vielen verschiedenen Orten miteinander. Ich hoffe und wünsche mir sehr, dass die einzelnen Rituale im Jahreskreis auch deinen Alltag und dein ganzes Leben durchdringen mögen.

Ich wünsche dir viel Mut und Inspiration bei der eigenen Entwicklung von Ritualen im Jahreskreis sowie ein paar gleichgesinnte Menschen an deiner Seite!

Möge deine Seele
durch das Feiern von Jahreskreisfesten
reich genährt werden!

In herzlicher Verbundenheit!
Walpurga Fajalla

Weitere Unterstützung

Virtuelles Lagerfeuer im Jahreskreis

Feiert mit der Autorin und anderen Frauen die Jahreskreisfeste in einer Online-Ritualgruppe! Verwurzelt im Alten Wissen sind wir – trotz Entfernung – im Herzen verbunden!

Ich führe euch an die Hintergründe und die Mythologie heran, berichte von Traditionen und Bräuchen, erzähle vom Alten Wissen über die Göttin und ihren Gefährten und verrate euch, wo wir dieses Wissen auch heute noch entdecken und leben können!

Anschließend vertiefen wir dies in einem kleinen persönlichen Ritual, einer angeleiteten Phantasiereise, einer Meditation oder ähnlichem.
www.schamanismus-tantra.at/jahreskreisfeste-online/

Beachtet auch unsere Präsenzangebote zu den Jahreskreisfesten in Verbindung mit einer Fliegenpilz-Zeremonie in Wien.
www.schamanismus-tantra.at/jahreskreisfeste/

Poster, Postkarten und E-Book

In Zusammenarbeit mit der HOLUNDERELFE, der Zeitschrift für Waldfeen, Textilkünstlerinnen und Kräuterweiber, sind ein wundervolles Poster in der Größe DIN A3 und ein Postkartenset für den Altar oder Jahreszeitentisch entstanden. Die einzigartigen Illustrationen stammen von Jenny Oehme. Das Poster und die Karten sind in Österreich über Walpurga Zellinger bestellbar, für Deutschland und international über die HOLUNDERELFE.

Ein kompaktes E-Book zu den acht Jahreskreisfesten ist als PDF zum direkten Download unter www.holunderelfe.com erhältlich.

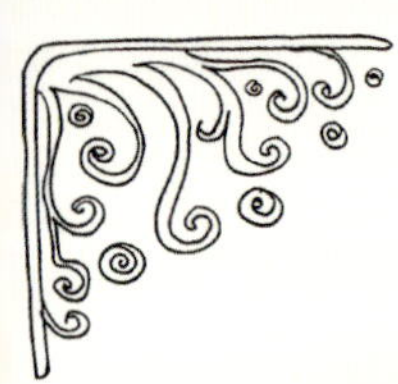

Über die Autorin

Walpurga Zellinger ist gelernte Drogistin, hat Theologie studiert und betreibt seit 2004 gemeinsam mit ihrem Mann Wolfgang Mike die schamanische Praxis SPIRIT & VISION in Wien. Ihr spiritueller Name lautet „Fajalla" und bedeutet: für alle.

Ihre große Liebe gilt der Kräuterkunde und der Wildkräuterküche, dem Alten Wissen und dem Feiern von Jahreskreisfesten.

Heute gibt sie als KräuterSchamanin und Ritualfrau ihren reichen Erfahrungsschatz weiter, damit Menschen wieder zu ihren Wurzeln und zu ihrer Verbundenheit mit Mutter Erde finden können.

Sie ist Autorin bei der Zeitschrift HOLUNDERELFE und aktiv in Kräutergruppen und Jahreskreisgruppen auf Facebook zu finden.

Kontakt

www.schamanismus-tantra.at/jahreskreisfeste/

walpurga@schamanismus-tantra.at

www.facebook.com/walpurga.zellinger.31

www.instagram.com/walpurgazellinger/

Literatur

APPEL, Jennie; GROSSER, Dirk: Brigid. Lebe die Weisheit einer Heiligen, Göttin und Druidin. Darmstadt: Schirner Verlag (2016) e-book

APPEL, Jennie; GROSSER, Dirk: Urkraft des Nordens. Mit Ahnenwissen, Schamanengottheiten & weisen Seherinnen zu den Wurzeln unserer Spiritualität. Bielefeld: Aurum Verlag (2021)

BACHOFEN, Johann Jakob: Das Mutterrecht. Frankfurt (1975)

BADER, Marlis: Räuchern mit heimischen Kräutern. Anwendung, Wirkung und Rituale im Jahreskreis. 8. München: Kösel-Verlag 2007

BURGES, Ilona: Die vergessenen Räucherpflanzen der Kelten und Germanen (2022)

DETTLING, Daniela: Wildkräuterspaziergang durch die Jahreszeiten. Linz: Freya Verlag (2018)

DUGAN, Ellen: Mabon. Das Fest des Herbstes. Berlin: Ullstein (2008)

FISCHER-RIZZI, Susanne: Medizin der Erde. Heilanwendungen, Rezepte und Mythen unserer Heilpflanzen. München: AT Verlag (2005)

FISCHER-RIZZI, Susanne: Botschaften an den Himmel. Anwendung, Wirkung und Geschichten von duftendem Räucherwerk. 3. München: Hugendubel 2002

FOLKERTS, Helge: Symbol Gebäck. Im Rad des Jahres und des Lebens. Für Körper, Geist und Seele. Engerda: Arun Verlag (2000)

FRANKLIN, Anna; MASON, Paul: Lammas. Das Fest der Ernte. Berlin: Ullstein (2006)

FRANKLIN, Anna: Mittsommer. Feste & Rituale. Berlin: Ullstein (2005)

FRÜH, Sigrid. Rauhnächte. Märchen, Brauchtum, Aberglaube. 14. Stendel (2009)

FUCHS, Christine. Räuchern – im Rhythmus des Jahreskreises. Stuttgart: Kosmos (2015)

GALLAGHER, Ann-Marie: Das große Buch der Zaubersprüche. Über 150 erfolgreiche Sprüche und Rituale. Königswinter: Heel Verlag (2004)

GARDNER, Gerald B.: Die Weisheit der Wicca. Das legendäre Buch „Witchcraft Today". Hamburg: Aurinia Verlag (2012) e-book

GÖTTNER-ABENDROTH, Heide: Das Matriarchat I. Geschichte einer Erforschung. Stuttgart (1988)

GÖTTNER-ABENDROTH, Heide: Die Göttin und ihr Heros. Die matriarchalen Religionen in Mythos , Märchen und Dichtung. 3. München (1983)

GREEN, MARIAN: Das geheime Wissen der Hexen. 13 Monde, um Meisterschaft in natürlicher Magie zu erlangen. München: Knaur Verlag (2001)

GRIMASSI, Raven: Walpurgis. Frühlingsrituale & Feste. Berlin: Ullstein (2006)

HARTMANN Dr., Franz: Mysterien, Symbole und magisch wirkende Kräfte. München: Verlag Heliakon (2017) e-book

HIRSCH, Siegrid; GRÜNBERGER, Felix: Die Kräuter in meinem Garten. Linz: Freya Verlag (2012)

HÖFFGEN, Thomas: Schamanismus bei den Germanen. Götter – Menschen – Tiere – Pflanzen. Remda-Teichl: Edition Roter Drache (2016) e-book

INGERMAN, Sandra; LLYN, Roberts: Der Weisheit der Natur lauschen. Wie uns Bäume, Pflanzen und Tiere in unsere innere Kraft führen. München: Ansata Verlag (2016) e-book

JANASCHECK, Ulla; MACAULAY, Morag, REINHEIMER, Markus: Kessel, Ofen, Feuer. Köstliche Rezepte zum Feiern der Jahreskreisfeste. Uhlstädt-Kirchhasel: Arun-Verlag (2005)

JANASCHECK, Ulla; RICHER, Elise: Hexenwerk. Wildkräuter-Sammelsurium rund um's Jahr. Linz: Freya Verlag (2016)

K. Amber, K. Azrael: Lichtmess. Das Fest der Flammen. Berlin: Ullstein (2006)

KAISER, Martina: Der Jahreskreis. Den Rhythmus der Natur als unsere Kraftquelle nutzen. 3. Bielefeld: Aurum Verlag (2009)

KIRSCHGRUBER, Valentin: Das Wunder der Rauhnächte. Märchen, Bräuche & Rituale für die innere Einkehr. Kailash Verlag (2013)

KLEISS, Hannelore: Räuchern zu heiligen Zeiten, Rituale im Jahreskreis. Linz: Freya-Verlag 2015

LANG, Bernhard: Himmel, Hölle, Paradies. Jenseitswelten von der Antike bis heute. München: C.H.Beck (2019) e-book

MANG, Andreas: Aufgeklärtes Heidentum. Philosophien, Konzepte, Vorstellungen. Eigenverlag Mang (2012) e-book

MAYER, Elisabeth Maria; FUCHS-HABERL, Renate: Erdenfrau. Heilpflanzen, Rituale und Rezepte im Wandel der Jahreszeiten. Graz: Stocker-Verlag (2018)

MCCOY, Edain: Ostara. Das Fest der Fruchtbarkeit. Berlin: Ullstein (2007)

MULACK, Christa: Die Weiblichkeit Gottes. Matriarchale Voraussetzungen des Gottesbildes. 6. Stuttgart (1992)

MULACK, Christa: Maria. Die geheime Göttin im Christentum. Stuttgart (1985)

MULACK, Christa: Religion ist zu wichtig, um sie den Männern zu überlassen. Die Göttin kehrt zurück. Stuttgart (1998)

MÜLLER-EBELING, RÄTSCH, STORL: Hexenmedizin. Die Wiederentdeckung einer Heilkunst – schamanische Traditionen in Europa. 6. Aarau, AT-Verlag 2008

NEDOMA, Gabriela: Knospen und die lebendigen Kräfte der Bäume. Linz: Freya Verlag (2014)

NEGER, Birgit: Moderne Hexen und Wicca. Aufzeichnungen über eine magische Lebenswelt von heute. Wien – Köln – Weimar: Böhlau Verlag (2009)

RÄTSCH, Christian, MÜLLER-EBELING, Claudia: Weihnachtsbaum und Blütenwunder. Geheimnisse, Herkunft und Gebrauch traditioneller Weihnachtspflanzen. Rezepte – Rituale – Räucherungen. 2. München: AT Verlag (2008)

RÄTSCH, Christian: Abgründige Weihnachten. Die wahre Geschichte eines ganz und gar unheiligen Festes. 1. München: Riemann Verlag (2014)

RÄTSCH, Christian: Walpurgisnacht. Von fliegenden Hexen und ekstatischen Tänzen. München: AT Verlag (2007)

RAVENWOLF, Silver: Halloween. Feste & Rituale. Berlin: Ullstein (2004)

RENDTORFF, Ilse. Wir singen mit der Erde. Lieder im Jahreskreis. Saarbrücken: Neue Erde Verlag.

RITTER, Hermann: Naturspiritualität heute. Das Wissen weiser Frauen und Männer. Stuttgart: Lüchow (2006)

ROHRECKER, Georg: Die Kelten. Auf den Spuren unseres versteckten Erbes. Wien u.a. Pichler Verlag (2011)

RULAND, Jeanne: Das Geheimnis der Rauhnächte. Ein Wegweiser durch die zwölf heiligen Nächte. 9. Darmstadt: Schirner Verlag (2011)

SCHIRAN, Ute: Menschenfrauen fliegen wieder. Die Jahreskreisfeste als weiblicher Initiationsweg. Darmstadt: Schirner Verlag (2005)

SPRENGER, Uta Holunder: Göttinnen Feste Erdenkräfte. Darmstadt: Schirner Verlag (2007)

STEINBOCK, Fritz: Das heilige Fest. Rituale des tradionellen germanischen Heidentums in heutiger Zeit. 4. Remda-Teichl: Edition Roter Drache (2014) e-book

STORL, Wolf-Dieter: Die Pflanzen der Kelten. Heilkunde- Pflanzenzauber – Baumkalender. München: Knaur (2010)

STORL, Wolf-Dieter: Heilkräuter und Zauberpflanzen zwischen Haustür und Gartentor. München: AT Verlag (2007)

STORL, Wolf-Dieter: Mit Pflanzen verbunden. Meine Erlebnisse mit Heilkräutern und Zauberpflanzen. 2. Stuttgart: Kosmos-Verlag (2009)

SÜSSMUTH, Astrid; GLOGGER, Conny: Kräuter Brauchtum übers Jahr. Linz: Freya Verlag (2019)

ULBRICH, Björn; GERWIN, Holger: Der Tag der Sonne. Lebendige Zeremonie und zeitgemäßes Brauchtum zur Feier der Sommersonnwende. Enerda: Arun-Verlag (2001)

ULBRICH, Björn; GERWIN, Holger: Die geweihten Nächte. Rituale der stillen Zeit. Ein Ratgeber zur Gestaltung von Weihnachten. 5. Uhlstädt-Kirchhasel: Arun-Verlag

ULBRICH, Romana u. Björn: Ostara. Zeremonien und Brauchtum zu Fasnacht, Ostern und Hohe Maien. Uhlstädt-Kirchhasel: Arun-Verlag (2009)

VOIGT, Ziriah: Ritual und Tanz im Jahreskreis. 2. Bonn: Verlag Gisela Meussling (1998)

VON RANKE-GRAVES, Robert: Die weiße Göttin. Berlin (1981)

VON RANKE-GRAVES, Robert: Griechische Mythologie, Hamburg (1961)

WALKER, Barbara: Die spirituellen Rituale der Frauen. Zeremonien und Meditationen für eine neue Weiblichkeit. München: Hugendubel (1998)

ZELLINGER, Walpurga: Maria – die geheime Göttin im Christentum. Linz (2001), Diplomarbeit